DR. OETKER

Grund Kochbuch

DR. OETKER

Grund Kochbuch

Dr. Oetker Verlag

Das neue, völlig überarbeitete Grundkochbuch ist da.
Es enthält bewährte und neue Klassiker, aber auch tolle Varianten und zahlreiche Tipps.
Alle Rezepte sind anschaulich bebildert und ausführlich Schritt für Schritt erklärt. So können Sie auch Köstlichkeiten leicht zubereiten, an die Sie sich bisher nicht herangetraut haben.
Aus den einzelnen Kapiteln können Sie Mahlzeiten nach Belieben zusammenstellen und Ihre Lieben mit Spaghetti carbonara, einem tollen Auflauf, Mousse au chocolat oder sogar einer gefüllten Gans überraschen.
Aber auch für die kleinen Genüsse des Lebens ist gesorgt. So finden Sie hier schnelle Dips, das klassische Rührei oder knackige Salate.
Und ganz nebenbei lernen Sie die wichtigsten Tricks und Kniffe des Kochens.

Abkürzungen

EL = Esslöffel
TL = Teelöffel
Msp. = Messerspitze
Pck. = Packung/Päckchen
g = Gramm
kg = Kilogramm
ml = Milliliter
l = Liter
evtl. = eventuell
geh. = gehäuft
gestr. = gestrichen
TK = Tiefkühlprodukt
°C = Grad Celsius
Ø = Durchmesser
E = Eiweiß
F = Fett
Kh = Kohlenhydrate
kcal = Kilokalorien
kJ = Kilojoule

Kapitelübersicht

Suppen und E… auch für S…

Gibt es etwas Besseres als eine heiße Brühe, eine leckere Suppe oder einen deftigen Eintopf?
Fleisch- oder Gemüsebrühe eignen sich aber auch sehr gut um in anderen Gerichten, wie z. B. bei Nudel-, Reis- oder Fleischgerichten weiterverwendet zu werden.
Suppen sind die ideale Vorspeise.
Und Eintöpfe kommen sowohl als köstliche Hauptmahlzeit als auch auf Partys immer gut an.

intöpfe – uppenkasper

Käse-Porree-Suppe

Für Gäste (Foto S. 8/9)

4–6 Portionen

3 Stangen Porree (Lauch)
3 EL Speiseöl
750 g Gehacktes
(halb Rind-, halb Schweinefleisch)
Salz
frisch gemahlener Pfeffer
1 l Fleischbrühe
1 Glas Champignons in Scheiben
(Abtropfgewicht 470 g)
200 g Sahne- oder Kräuterschmelzkäse

Zubereitungszeit:
40 Minuten

Pro Portion:
E: 36 g, F: 48 g, Kh: 5 g, kJ: 2651, kcal: 633

1 Porree putzen, waschen und in feine Ringe schneiden (Foto 1). Öl in einem großen Topf erhitzen, das Gehackte darin anbraten (Foto 2), dabei die Fleischklümpchen mit einer Gabel zerdrücken und mit Salz und Pfeffer würzen.

2 Porree hinzufügen, kurz andünsten, mit der Brühe auffüllen und etwa 15 Minuten zugedeckt garen. Die Champignons abgießen und hinzufügen.

3 Käse unterrühren (Foto 3) und ihn schmelzen lassen (nicht mehr kochen lassen). Suppe mit Salz und Pfeffer abschmecken.

Tipp:
Die Suppe kann vorbereitet und ohne Schmelzkäse eingefroren werden.

Chili con Carne

Schnell vorzubereiten (Foto S. 8/9)

6 Portionen

75 g durchwachsener Speck
1 EL Speiseöl
2–3 Zwiebeln
1–2 Knoblauchzehen
500 g Rindergehacktes
1 Dose geschälte Tomaten (Einwaage 800 g)
1 Dose Kidneybohnen (Einwaage 800 g)
2–3 EL Chilisauce
1 Lorbeerblatt
2 TL Chilipulver
Salz
1 Prise Zucker

Zubereitungszeit:
30 Minuten

Pro Portion:
E: 40 g, F: 22 g, Kh: 45 g, kJ: 2427, kcal: 579

1 Speck in Würfel schneiden und in einem Topf mit Öl auslassen (anbraten). Zwiebeln und Knoblauchzehen abziehen, fein würfeln und in dem Speckfett glasig dünsten lassen.

2 Rindergehacktes hinzufügen, unter ständigem Rühren etwa 5 Minuten braten lassen, dabei die Klümpchen mit einer Gabel zerdrücken (Foto 1).

3 Tomaten etwas zerkleinern (Foto 2), mit Tomatenflüssigkeit, Kidneybohnen (Foto 3) mit Flüssigkeit, Chilisauce und Lorbeerblatt zu dem Gehackten geben.

4 Mit Chilipulver, Salz und Zucker würzen, zum Kochen bringen und zugedeckt etwa 15 Minuten garen, dabei gelegentlich umrühren.

5 Das fertige Chili con Carne nochmals mit den Gewürzen abschmecken und das Lorbeerblatt entfernen.

Tipp:
Dazu Fladenbrot oder Tacos servieren.
Anstelle von Rindergehacktem kann auch Schweinegehacktes verwendet werden.
Es können auch einige eingelegte, klein geschnittene Peperoni untergerührt werden.
Soll das Chili nicht ganz so scharf sein, kann die Chilisauce auch durch Tomatenmark ersetzt werden.
Besonders gut schmeckt das Chili con Carne, wenn es am Vortag zubereitet und wieder aufgewärmt wurde.

Linseneintopf mit Mettenden

Klassisch

250 g getrocknete Linsen
1 l Fleischbrühe
375 g Kartoffeln
1 Bund Suppengrün
1–2 mittelgroße Zwiebeln
$^{1}/_{2}$ TL Salz
frisch gemahlener Pfeffer
4 Mettenden
(Rauchenden)
etwas Essig
1 Prise Zucker
2 EL gehackte Petersilie

Zubereitungszeit:
$1\,^{1}/_{2}$ Stunden

Pro Portion:
E: 29 g, F: 31 g, Kh: 30 g,
kJ: 2276, kcal: 534

1 Linsen waschen, mit Brühe in einen Topf geben und zum Kochen bringen (Foto 1) und etwa 1 Stunde zugedeckt bei schwacher Hitze kochen lassen, dabei gelegentlich umrühren.

2 Kartoffeln waschen, schälen, abspülen und in Würfel schneiden. Suppengrün putzen, waschen und klein schneiden (Foto 2). Zwiebeln abziehen, halbieren und in Scheiben schneiden.

3 Kartoffeln, Suppengrün und Zwiebeln zu den Linsen geben, mit Salz und Pfeffer würzen und noch 20 Minuten kochen lassen, dabei gelegentlich umrühren.

4 Etwa 10 Minuten vor Beendigung der Kochzeit Rauchenden dazugeben (Foto 3) und mitkochen lassen.

5 Den Eintopf mit Essig und Zucker abschmecken und mit Petersilie bestreuen.

Tipp:
Linsen garen schneller, wenn sie über Nacht in Wasser eingeweicht werden (45 Minuten Garzeit) oder im Schnellkochtopf zubereitet werden (20 Minuten Garzeit).
Noch herzhafter wird der Linseneintopf, wenn 500 g geräucherte Schweinerippe mitgekocht wird.
Wieder aufgewärmt schmeckt Linseneintopf besonders gut.

Französische Zwiebelsuppe

Raffiniert – preiswert

500 g Zwiebeln
50 g Butter
750 ml ($\frac{3}{4}$ l) Fleischbrühe
125 ml ($\frac{1}{8}$ l) trockener Weißwein
Salz, Pfeffer

30 g Butter
2 Scheiben Weißbrot, in Würfel geschnitten
50 g geriebener Parmesan

Zubereitungszeit:
40 Minuten

Pro Portion:
E: 13 g, F: 25 g, Kh: 16 g, kJ: 1571, kcal: 375

1 Zwiebeln abziehen und in Ringe schneiden, Butter in einem Topf zerlassen und die Zwiebelringe darin andünsten (Foto 1).

2 Fleischbrühe hinzugießen und die Zwiebeln etwa 20 Minuten zugedeckt garen. Wein hinzufügen, die Suppe aufkochen lassen und mit Salz und Pfeffer abschmecken.

3 Butter in einer Pfanne zerlassen und Weißbrotwürfel darin anrösten (Foto 2). Die Suppe in feuerfeste Tassen füllen, Weißbrotwürfel darauf geben und mit Parmesan bestreut (Foto 3) auf dem Rost unter dem vorgeheizten Grill (oder Oberhitze-Einstellung) im Backofen überbacken, bis der Käse geschmolzen ist.

Tipp:

Verfeinern Sie die Sauce mit 1–2 Esslöffeln Crème fraîche oder ersetzen Sie 100 ml Fleischbrühe durch Sahne.
Sie können statt Fleischbrühe auch Gemüsebrühe verwenden.

Tomatensuppe

Fruchtig

1 kg reife Tomaten
2 mittelgroße Zwiebeln
50 g fetter Speck
20 g Butter oder Margarine
20 g Weizenmehl
2 EL Tomatenmark
500 ml (1/2 l) Gemüsebrühe
1 gestr. TL Salz
1 gestr. TL Zucker
Pfeffer, Paprika edelsüß
1/2 TL Tabascosauce
1/2 TL gehackte Basilikumblättchen
1/2 TL gehackte Thymianblättchen
1 EL gehackte Petersilie

Zubereitungszeit:
35 Minuten

Pro Portion:
E: 5 g, F: 27 g, Kh: 15 g, kJ: 1422, kcal: 340

1 Tomaten waschen, abtropfen lassen, vierteln, Stängelansätze entfernen und Tomaten würfeln. Zwiebeln abziehen und Zwiebeln und Speck in Würfel schneiden.

2 Butter oder Margarine in einem Topf zerlassen, Zwiebel- und Speckwürfel darin glasig dünsten (Foto 1). Tomatenwürfel hinzufügen und kurz mitdünsten lassen. Mit Mehl bestäuben (Foto 2), Tomatenmark unterrühren, Brühe hinzugießen (Foto 3), zum Kochen bringen und 10–15 Minuten zugedeckt kochen lassen.

3 Suppe durch ein Sieb streichen, nochmals erhitzen, mit Salz, Zucker, Pfeffer, Paprika und Tabasco abschmecken. Basilikumblättchen und Thymianblättchen unterrühren. Suppe auf Tellern verteilen und mit Petersilie bestreuen.

Tipp:
Anstelle von frischen Tomaten können auch geschälte Tomaten aus der Dose (Einwaage 800 g) mit Saft verwendet werden.
Die Suppe kann mit 1–2 Esslöffeln Crème fraîche oder mit aufgeschlagener Sahne (mit Gin aromatisiert) verfeinert werden.
Der Speck kann auch weggelassen werden.

Bunte Gemüsesuppe
Vegetarisch

125 g vorbereiteter Blumenkohl
2 mittelgroße Möhren
125 g grüne Bohnen
1 kleine Stange Porree (Lauch)
1 Stück Sellerieknolle (100 g)
100 g junge, ausgepalte Erbsen
20 g Butter
750 ml (3/4 l) Gemüsebrühe
Salz, Pfeffer
evtl. 2 EL gehackte Kräuter (z. B. Petersilie, Kerbel)

Zubereitungszeit:
1 Stunde

Pro Portion:
E: 4 g, F: 6 g, Kh: 10 g, kJ: 475, kcal: 113

1 Blumenkohl in Röschen teilen. Möhren putzen, schälen, waschen und in Scheiben schneiden (Foto 1).

2 Bohnen abfädeln (Foto 2), waschen und in Stücke schneiden. Porree putzen, waschen und in 1 cm breite Ringe schneiden (Foto 3).

3 Sellerieknolle putzen, schälen, waschen und fein würfeln. Erbsen waschen. Butter in einem Topf zerlassen und das Gemüse einige Minuten darin andünsten.

4 Gemüsebrühe hinzugießen, mit Salz und Pfeffer würzen, zum Kochen bringen und zugedeckt in 15–20 Minuten gar kochen lassen.

5 Die Suppe abschmecken, evtl. mit Kräutern bestreuen (Foto 4) und servieren.

Tipp:
Die Suppe eignet sich sehr gut als Vorsuppe.
Anstelle von frischen Bohnen und Erbsen eignet sich auch TK-Gemüse.
Möhren, Porree, Sellerie und Petersilie kann man auch zusammen als Bund Suppengrün kaufen.
Die Suppe kann mit Tomatenwürfeln von abgezogenen Tomaten verfeinert werden.

Rindfleischbrühe

Vielseitig

750 g Rindfleisch (z. B. Bugschaufel, Beinfleisch)
2 l kaltes Wasser
2 TL Salz
1 Bund Suppengrün (Möhre, Porree, Sellerie, Petersilie)
2 mittelgroße Zwiebeln
3 Nelken
5 Pfefferkörner
1 Lorbeerblatt

Zubereitungszeit:
3 Stunden

Pro Portion:
E: 40 g, F: 11 g, Kh: 6 g, kJ: 1176, kcal: 280

Tipp:
Die Rindfleischbrühe kann in vielen Rezepten verwendet werden. Sie schmeckt auch mit einer Einlage aus Spargelspitzen gut. Streuen Sie etwas frische gehackte Petersilie über die Brühe.

1 Rindfleisch unter fließendem kalten Wasser abspülen, Wasser in einen großen Topf geben und Fleisch und Salz hineingeben. Das Wasser zum Kochen bringen und das Fleisch zugedeckt 2–3 Stunden bei mittlerer Hitze kochen lassen, dabei evtl. mit einer Schaumkelle den Schaum abschöpfen.

2 In der Zwischenzeit Suppengrün putzen, waschen, Zwiebeln abziehen und evtl. alles etwas zerkleinern. Nach etwa 1 Stunde Kochzeit Suppengrün, Zwiebelstücke und Gewürze hinzufügen (Foto 1) und mitkochen lassen.

3 Nach 2 1/2 Stunden Kochzeit die Fleischstücke herausnehmen, die Brühe durch ein feines Sieb oder durch ein Küchentuch, das in ein Sieb gelegt wurde, gießen (Foto 2) und mit Salz abschmecken.

Variante:

Hühnerbrühe

1 1/2 l Wasser in einem Topf zum Kochen bringen. Abgespültes Suppenhuhn (Poularde, etwa 1 kg) mit Innereien hineingeben, evtl. halbieren. 1 Bund Suppengrün wie oben putzen, mit 1 Teelöffel Salz hinzufügen (Foto 3) und zugedeckt etwa 1 1/2 Stunden kochen lassen. Fleisch von Haut und Knochen befreien und klein schneiden. Brühe durch ein Sieb gießen (Foto 4) und mit Muskat abschmecken. Fleisch nach Belieben hinzufügen oder für Hühnerfrikassee (siehe Seite 63) verwenden. Nach Belieben gekochte Fadennudeln oder Reis in die Brühe geben.

Gemüsebrühe

Gut vorzubereiten

3 Zwiebeln
2 Knoblauchzehen
50 ml Pflanzenöl
2 Bund Suppengrün
200 g Weißkohl
3 l Wasser
1 EL Salz
2 Lorbeerblätter
1 TL Pfefferkörner
1 Bund Petersilie
2 Zweige Liebstöckel
geriebene Muskatnuss

Zubereitungszeit:
90 Minuten

Pro Portion:
E: 4 g, F: 13 g, Kh: 12 g,
kJ: 795, kcal: 190

Tipp:
Die Gemüsebrühe kann für viele Rezepte, wie z. B. für Eintöpfe, Saucen und Gemüse verwendet werden.
Die Brühe kann in Portionen eingefroren werden.

1 Zwiebeln und Knoblauchzehen abziehen, fein würfeln (Foto 1), Öl in einem großen Topf erhitzen, Zwiebel- und Knoblauchwürfel darin andünsten und leicht bräunen.

2 Suppengrün und Weißkohl putzen, waschen, grob würfeln, ebenfalls leicht mit andünsten und Wasser hinzugießen.

3 Salz, Lorbeerblätter und Pfefferkörner dazugeben und die Zutaten etwa 1 Stunde zugedeckt schwach köcheln lassen.

4 Petersilie und Liebstöckel verlesen, waschen, hacken, hinzufügen (Foto 2) und einige Minuten ziehen lassen.

5 Die Brühe mit Muskat würzen und anschließend durch ein Sieb geben (Foto 3).

Einlage:

Eierstich

2 Eier (Größe M) mit 125 ml (1/8 l) Milch verquirlen und mit Salz und Muskat würzen. Nach Belieben etwas Schnittlauch abspülen, trockentupfen und in Röllchen schneiden. Die Röllchen unterrühren und die Eiermilch in eine feuerfeste, gefettete Form füllen. Die Form mit Alufolie verschließen, in einen weiten Topf stellen und heißes Wasser angießen, bis die Form zur Hälfte im Wasser steht. Topf schließen. Bei schwacher Hitze die Eiermilch 25–30 Minuten stocken lassen. Anschließend den Eierstich aus der Form lösen, etwas abkühlen lassen, in Würfel oder Rauten schneiden und in die Brühe oder Suppe geben.

Saucen und D… ohne geht

Saucen braucht man zu fast jedem Essen. Neben klassischen Saucen, die zu vielen Gerichten passen, finden sich hier vor allem leckere Salatsaucen, aber auch tolle Dips.

Fleisch- und Nudelsaucen finden Sie passend zu den Gerichten in den entsprechenden Kapiteln.

ips –
s nicht

Vinaigrette, pikant

Raffiniert (Foto S. 20/21)

2–3 EL Weinessig
1 gestr. TL mittelscharfer Senf
etwas Salz
etwas Zucker
frisch gemahlener Pfeffer
5 EL Speiseöl
1 kleine Zwiebel
1 hart gekochtes Ei (Größe M)
4 Cornichons (kleine Gewürzgurken)
1 Bund Petersilie
einige gehackte Kapern

Zubereitungszeit:
20 Minuten

Pro Portion:
E: 2 g, F: 11 g, Kh: 1 g, kJ: 487, kcal: 116

1 Essig mit Senf, Salz, Zucker und Pfeffer verrühren. Öl unterrühren (Foto 1).

2 Zwiebel abziehen und fein würfeln (Foto 2). Ei pellen und fein hacken. Cornichons fein würfeln (Foto 3). Petersilie abspülen, trockentupfen und fein hacken.

3 Die Zutaten mit den Kapern unterrühren (Foto 4) und die Sauce nochmals mit Salz und Pfeffer abschmecken.

Tipp:
Passt zu allen Blattsalaten, besonders zu Feldsalat.

Kräutersauce

Schnell (Foto S. 20/21)

1 kleine Zwiebel
2 EL Kräuteressig
etwas Salz
frisch gemahlener Pfeffer
1 Prise Zucker
4 EL Speiseöl
2 EL gehackte Kräuter, z. B. Petersilie, Kerbel, Estragon, Schnittlauch, Zitronenmelisse

Zubereitungszeit:
15 Minuten

Pro Portion:
E: 1 g, F: 12 g, Kh: 2 g, kJ: 509, kcal: 121

1 Zwiebel abziehen, fein würfeln und mit Kräuteressig verrühren.

2 Salz, Pfeffer und Zucker hinzufügen, vermischen und Öl unterrühren (Foto 1).

3 Kräuter waschen, abtropfen lassen, fein hacken (Foto 2) und unterrühren (Foto 3).

Tipp:
Die Kräutersauce eignet sich besonders für Blattsalate. Frische Kräuter lassen sich durch TK-Kräutermischungen ergänzen.

French Dressing

Raffiniert

1–2 EL Essig
2 EL Rotwein
1 EL milder Senf
1 Prise Salz
frisch gemahlener, schwarzer Pfeffer
1 Prise Zucker
4 EL Speiseöl
2 EL gehackte Kräuter, z. B. Petersilie, Schnittlauch, Kerbel, Estragon

Zubereitungszeit:
15 Minuten

Pro Portion:
E: 0,3 g, F: 12 g, Kh: 1 g, kJ: 508, kcal: 121

1 Essig mit Rotwein und Senf verrühren.

2 Mit Salz, Pfeffer und Zucker würzen.

3 Öl dazugeben, kräftig verrühren und Kräuter unterrühren.

Tipp:
French Dressing eignet sich für Blatt-, Kohl- und Fischsalate. Besonders gut eignet sich Distel- oder Olivenöl.
Dieses Dressing lebt von der Qualität des Essigs. Empfohlen wird Sherry-, Balsamico- oder Kräuteressig.

Joghurt-Kräuter-Sauce

Erfrischend

Etwas Schnittlauch oder andere Kräuter nach Belieben
250 g Naturjoghurt
etwas Salz
frisch gemahlener Pfeffer
etwas Zitronensaft

Zubereitungszeit:
10 Minuten

Pro Portion:
E: 3 g, F: 2 g, Kh: 3 g,
kJ: 200, kcal: 48

1 Schnittlauch oder andere Kräuter waschen, abtropfen lassen und in Röllchen schneiden oder fein hacken (Foto 1).

2 Joghurt und Kräuter in einer Schüssel verrühren (Foto 2).

3 Sauce mit Salz, Pfeffer und Zitronensaft abschmecken (Foto 3).

Tipp:
Es eignen sich Kräuter wie Petersilie, Kresse oder Kerbel.
Zu Hülsenfrüchten, gebratenen Auberginen, Spinat oder Paprikaschoten reichen oder als Salatsauce verwenden.
Ersetzen Sie 100 g Joghurt durch saure Sahne.

Sahnesauce

Schnell

125 ml (1/8 l) Schlagsahne
1 EL Zitronensaft
1 EL Zucker
1 Prise Salz
1 EL gehackte Kräuter (z. B. Petersilie, Zitronenmelisse, Dill)

Zubereitungszeit:
10 Minuten

Pro Portion:
E: 1 g, F: 10 g, Kh: 5 g,
kJ: 471, kcal: 113

1 Sahne mit Zitronensaft, Zucker und etwas Salz gut verrühren, bis sich der Zucker gelöst hat.

2 Kräuter unterrühren und die Sauce evtl. nochmals mit etwas Salz abschmecken.

Tipp:
Passt sehr gut zu Kopfsalat, aber auch zu anderen Blattsalaten.
Anstelle von Schlagsahne können auch 150 g saure Sahne verwendet werden.

Thousand-Islands-Dressing

Beliebt

3 EL Salatmayonnaise
1/2 TL Paprika edelsüß
1 EL Essig
2 Tropfen Tabascosauce
3–4 EL Milch
1–2 EL fein gehackte, rote Paprikaschote
1 TL Schnittlauchröllchen

Zubereitungszeit:
10 Minuten

Pro Portion:
E: 1 g, F: 3 g, Kh: 2 g, kJ: 174, kcal: 42

1 Mayonnaise mit Paprika, Essig, Tabasco und Milch verrühren.

2 Paprika unterrühren und Dressing mit Schnittlauch bestreuen.

Tipp:
Thousand-Islands-Dressing eignet sich für Blattsalate, Spargel-, Wirsing-, Sellerie- und Champignon-Salate.

Béchamelsauce

Vielseitig

40 g Schinken
1 Zwiebel
30 g Butter oder Margarine
30 g Weizenmehl
250 ml (1/4 l) kalte Fleisch- oder Gemüsebrühe
250 ml (1/4 l) Milch oder Schlagsahne
Salz
frisch gemahlener Pfeffer
geriebene Muskatnuss

Zubereitungszeit:
15 Minuten

Pro Portion:
E: 6 g, F: 28 g, Kh: 9 g, kJ: 1365, kcal: 327

1 Schinken in kleine Würfel schneiden. Zwiebel abziehen und fein würfeln (Foto 1). Butter oder Margarine in einem Topf zerlassen, Schinken und Zwiebel dazugeben und andünsten (Foto 2), bis die Zwiebeln hellgelb und glasig sind.

2 Weizenmehl dazugeben und unter Rühren so lange darin erhitzen, bis es hellgelb ist. Nach und nach Brühe und Milch oder Schlagsahne hinzugießen (Foto 3) und mit einem Schneebesen kräftig verrühren, dabei darauf achten, dass sich keine Klümpchen bilden.

3 Ständig mit einem Schneebesen durchschlagen (Foto 4), zum Kochen bringen und etwa 2 Minuten bei schwacher Hitze kochen lassen.

4 Sauce nach Belieben durch ein Sieb streichen und dann mit Salz, Pfeffer und Muskat abschmecken.

Tipp:
Verwenden Sie statt Brühe das Kochwasser vom Gemüse, das dazu serviert wird.
Passt zu vielen Kartoffel- und Gemüsegerichten. Ideal als Sauce für einen schnellen Gemüse- oder Nudelauflauf.

Sauce Hollandaise

Schnell

200 g Butter
2 Eigelb (Größe M)
2 EL trockener Weißwein
Zitronensaft
Salz, Pfeffer

Zubereitungszeit:
15 Minuten

Pro Portion:
E: 2 g, F: 44 g, Kh: 1 g,
kJ: 1755, kcal: 419

Hinweis:
Nur ganz frische Eier verwenden, die nicht älter als 5 Tage sind (Legedatum beachten!). Fertige Sauce im Kühlschrank aufbewahren und innerhalb von 24 Stunden verzehren.

Tipp:
Die klassische Variante enthält anstelle des Weißweins zu gleichen Teilen Wasser und Weinessig.
Passt sehr gut zu Spargel (Foto 4), Blumenkohl oder Broccoli.

1 Butter zerlassen und etwas abkühlen lassen.

2 Eigelb mit Weißwein in einem Topf im Wasserbad (Wasser darf nicht kochen!) mit einem Schneebesen so lange schlagen (Foto 1), bis die Masse dicklich ist. Die Schüssel aus dem Wasserbad nehmen und die abgekühlte Butter nach und nach darunter schlagen (Foto 2).

3 Sauce mit Zitronensaft, Salz und Pfeffer abschmecken und warm servieren.

Variante:

Sauce béarnaise

100 g Butter zerlassen und abkühlen lassen. 1 kleine Zwiebel abziehen, fein würfeln, mit jeweils 1 Teelöffel gehackten Estragon- und Basilikumblättchen, etwas Pfeffer, 2 Teelöffeln Weinessig und 2 Esslöffeln Wasser zum Kochen bringen und dann durch ein Sieb streichen. 2 Eigelb (Größe M) mit dem Sud wie oben angegeben im Wasserbad schlagen, Butter ebenso unterschlagen. Sauce mit Salz, Pfeffer und Zitronensaft würzen und 1 Esslöffel gemischte, gehackte Kräuter unterrühren (Foto 3).

Mayonnaise
Einfach

1 Eigelb (Größe M)
1 EL Essig
oder Zitronensaft
Salz, Pfeffer
1 gestr. TL Zucker
125 ml (1/8 l) Speiseöl
evtl. etwas Senf

Zubereitungszeit:
10 Minuten

Pro Portion:
E: 1 g, F: 33 g, Kh: 1 g,
kJ: 1313, kcal: 313

Hinweis:
Nur ganz frische Eier verwenden, die nicht älter als 5 Tage sind (Legedatum beachten!). Fertige Mayonnaise im Kühlschrank aufbewahren und innerhalb von 24 Stunden verzehren.

1 Eigelb mit Essig oder Zitronensaft, Salz, Pfeffer und Zucker (Foto 1) in einer Rührschüssel mit einem Schneebesen oder mit einem Handrührgerät mit Rührbesen (Foto 2) zu einer dicklichen Masse schlagen.

2 Darunter nach und nach das Öl schlagen (Foto 3). Bei dieser Zubereitung ist es nicht notwendig, das Öl tropfenweise zuzusetzen, es wird in Mengen von 1–2 Esslöffeln untergeschlagen, die dem Eigelb zugefügten Gewürze verhindern die Gerinnung. Die Mayonnaise evtl. mit Senf abschmecken.

Tipp:
Nach Belieben Joghurt oder geschlagene Sahne unter die Mayonnaise rühren.

Variante:
Remoulade
Unter die Mayonnaise einige fein gewürfelte Gewürzgurken, Kapern, fein gehackte Kräuter und nach Belieben ein hart gekochtes, fein gewürfeltes Ei rühren.

Gurken-Joghurt-Dip (Tsatsiki)

Gut vorzubereiten

1 kleine Salatgurke
2–3 Knoblauchzehen
500 g Naturjoghurt
1 EL Dillspitzen
nach Belieben
1 EL Olivenöl
etwas Salz
frisch gemahlener Pfeffer
einige schwarze Oliven
etwas Petersilie

Zubereitungszeit:
20 Minuten

Pro Portion:
E: 6 g, F: 8 g, Kh: 7 g,
kJ: 132, kcal: 553

1 Die Gurke waschen, nach Belieben schälen, evtl. halbieren, die Kerne mit einem Löffel herausschaben und das Gurkenfleisch raspeln (Foto 1). Knoblauch abziehen und fein hacken oder durch eine Knoblauchpresse geben.

2 Joghurt und Knoblauch zu den Gurken geben, gut verrühren, evtl. Dill unterrühren. Olivenöl hinzugeben (Foto 2) und mit Salz und Pfeffer abschmecken.

3 Tsatsiki in eine Schüssel geben (Foto 3), kalt stellen und vor dem Servieren mit Oliven und Petersilie garnieren.

Tipp:
Das Tsatsiki schmeckt gut durchgezogen besonders intensiv, deshalb am besten am Vortag zubereiten. Tsatsiki wird traditionell nur mit Joghurt zubereitet und ist deshalb relativ dünnflüssig. Soll es etwas dicker sein, Flüssigkeit von der Joghurtoberfläche abgießen oder griechischen oder türkischen Joghurt verwenden oder die Hälfte des Joghurts durch Speisequark ersetzen. Schmeckt gut zu Gyros, gegrilltem Fleisch oder Fisch (dann Dill hinzufügen).
Dazu Fladenbrot reichen.

Tomatensauce
Fruchtig

1 kg reife Tomaten
3 Knoblauchzehen
4 EL Olivenöl
Salz, Pfeffer
1 Prise Zucker

Zubereitungszeit:
25 Minuten

Pro Portion:
E: 3 g, F: 12 g, Kh: 8 g,
kJ: 672, kcal: 161

1 Tomaten waschen, abtropfen lassen, kreuzweise einschneiden und einige Sekunden in kochendes Wasser legen. Tomaten kurz in kaltes Wasser legen, enthäuten (Foto 1), Stängelansätze herausschneiden und Tomaten grob würfeln. Knoblauch abziehen und fein würfeln (Foto 2) oder durch eine Knoblauchpresse geben.

2 Öl in einem Topf erhitzen, Tomatenstücke und Knoblauch hinzufügen, zugedeckt in 10–15 Minuten zu einer dicklichen Sauce einkochen lassen, dabei gelegentlich umrühren und mit Salz, Pfeffer und Zucker abschmecken. Nach Belieben die Sauce fein pürieren (Foto 3) oder stückig servieren.

Tipp:
Die Sauce kann mit Crème fraîche oder italienischen Kräutern (Basilikum, Oregano) verfeinert werden. Wenn es noch schneller gehen soll, können statt frischer Tomaten auch geschälte Tomaten aus der Dose (Einwaage 800 g) mit Saft verwendet werden.

Pesto
(Italienische Basilikumsauce)
Gut vorzubereiten

2 Bund Basilikum
4 Knoblauchzehen
4 EL geröstete Pinienkerne
100 ml kaltgepresstes Olivenöl
100 g frisch geriebener Parmesan- oder Pecorino-Käse
Salz
frisch gemahlener Pfeffer
etwas kaltgepresstes Olivenöl

Zubereitungszeit:
30 Minuten

Insgesamt:
E: 53 g, F: 216 g, Kh: 19, g, kJ: 9707, kcal: 2318

1 Basilikum vorsichtig abspülen, trockentupfen und die Blättchen von den Stängeln zupfen (Foto 1).

2 Knoblauch abziehen. Basilikum, Knoblauch und Pinienkerne fein hacken und im Mörser fein zerstoßen oder mit einem Pürierstab pürieren (Foto 2).

3 Öl nach und nach hinzufügen und gut verrühren. Käse unterrühren. Mit Salz und Pfeffer würzen.

4 Die Basilikumsauce in 1–2 gründlich gereinigte und gespülte kleine Gläser füllen (Foto 3) und etwas Öl darüber geben (etwa 1/2 cm hoch).

5 Die Gläser gut verschließen und kühl aufbewahren.

Tipp:
Pesto zu Nudelgerichten oder zu Fleisch reichen. Wenn das angebrochene Pesto längere Zeit aufbewahrt werden soll, wieder etwas Olivenöl darüber gießen und das Glas verschließen.

Avocado-Dip
Für Gäste

Für den Dip:
1 kleine Zwiebel
2 reife Avocados
1 Limette (unbehandelt)
1 gestr. TL Salz
1/2 TL Knoblauchsalz
frisch gemahlener Pfeffer
1/2 TL Currypulver
2 EL Mayonnaise

würzige Chips
oder Nachos

Zum Garnieren:
etwas Zitronenmelisse

Zubereitungszeit:
20 Minuten

Pro Portion:
E: 2 g, F: 13 g, Kh: 14 g
kJ: 811, kcal: 194

1 Für den Dip Zwiebel abziehen und fein würfeln. Avocados halbieren, Fruchtfleisch vom Stein lösen, Avocadohälften schälen und in Stücke schneiden (Foto 1). Limette heiß abwaschen, abtrocknen, Limettenschale fein abreiben und Limette auspressen.

2 Zwiebelwürfel und Avocado zusammen mit Salz und Gewürzen, Limettensaft und Mayonnaise mit dem Pürierstab kurz pürieren (Foto 2). Dip bis zum Servieren zugedeckt kalt stellen.

3 Dip zu Chips oder Nachos reichen und mit fein geriebener Limettenschale und Zitronenmelisse garnieren.

Tipp:
Eine reife Avocado gibt bei sanftem Fingerdruck auf die Schale nach. Allerdings können zu weiche Avocados innen bereits braun und matschig sein. Wenn Sie weiche Avocados haben, sparen Sie sich das Schälen der Früchte: Avocado halbieren, Stein entfernen und das Fruchtfleisch mit Hilfe eines Löffels herausschaben.
Den Dip am Zubereitungstag servieren, da die Oberfläche sonst bräunlich wird.

Paprika-Dip
Raffiniert

Für den Dip:
1 kleine Zwiebel
1 gelbe oder rote Paprikaschote
frisch gemahlener Pfeffer
1/2 TL Paprika edelsüß
1/2 TL Salz
3 EL Mayonnaise
6 EL Doppelrahm-Frischkäse

würzige Chips oder Nachos

Zum Bestäuben:
etwas Paprika edelsüß

Zubereitungszeit:
15 Minuten

Pro Portion:
E: 5 g, F: 25 g, Kh: 14 g
kJ: 1290, kcal: 308

1 Für den Dip Zwiebel abziehen und fein würfeln. Paprika halbieren, entstielen, Kerne und weiße Scheidewände entfernen (Foto 3), die Schote unter fließendem kalten Wasser waschen und klein schneiden.

2 Zwiebel und Paprika zusammen mit Gewürzen, Salz und Mayonnaise mit dem Pürierstab sehr fein pürieren.

3 Frischkäse unterrühren, den Dip mit Paprika bestäuben und zu Chips oder Nachos reichen.

Tipp:
Der Dip passt auch zu Pellkartoffeln (siehe Seite 112) oder zur Rohkostplatte (siehe Seite 36).
Besonders fein kann der Dip püriert werden, wenn die klein geschnittene Zwiebel und Paprikaschote vor dem Pürieren einige Minuten in einem Topf mit 1 Esslöffel Öl weich gedünstet werden.

Salate – knackig, f

Salate sind die knackige Abrundung jedes Essens, die je nach Geschmack wunderbar variiert werden können. Als Vorspeise oder zur Mahlzeit gereicht, verleihen sie dem Essen die besondere Frische. Aber auch als gesunder Snack zwischendurch und auf Partys dürfen sie nicht fehlen.

isch und vielseitig

Rohkostplatte

Einfach (Foto S. 34/35)

1 kleines Bund Möhren
2 Paprikaschoten
1 kleine Salatgurke
1 Bund Radieschen
3–4 Tomaten
1 Kohlrabi

Zubereitungszeit:
30 Minuten

Pro Portion:
E: 4 g, F: 1 g, Kh: 11 g,
kJ: 274, kcal: 65

1 Möhren putzen (Foto 1), nach Belieben schälen, waschen, längs halbieren und vierteln.

2 Paprikaschoten halbieren, entstielen, entkernen, die weißen Scheidewände entfernen (Foto 2), Schoten waschen und in Streifen schneiden.

3 Salatgurke schälen (Foto 3), längs halbieren, nach Belieben entkernen. Die Gurkenstücke in fingerlange Stücke und dann in Streifen schneiden.

4 Von den Radieschen das Grün und die Wurzeln abschneiden, Radieschen waschen, abtrocknen und in Scheiben schneiden (Foto 4).

5 Tomaten waschen, abtrocknen und vierteln. Stängelansätze herausschneiden und die Tomaten achteln.

6 Kohlrabi schälen, waschen, halbieren, in dicke Scheiben und dann in Stifte schneiden.

7 Alle Zutaten auf einer Platte anrichten und sofort servieren.

Tipp:
Strauchtomaten und Bundmöhren sind besonders aromatisch.
Dazu Kräuter Crème fraîche, Tsatsiki (siehe Seite 29) oder einen Dip (siehe Seiten 32 und 33) reichen.
Wird die Rohkostplatte nicht sofort gegessen, Frischhaltefolie darüber legen und kalt stellen.

Krautsalat, bayerisch
Klassisch

500 g Weißkohl
2 schwach geh. TL Salz
4 EL Speiseöl
150 g durchwachsener Speck

Für die Sauce:
1 Zwiebel
2 EL Weißweinessig
Salz
1 Prise Zucker
frisch gemahlener Pfeffer

Zubereitungszeit:
90 Minuten, ohne Durchziehzeit

Pro Portion:
E: 5 g, F: 37 g, Kh: 5 g,
kJ: 1614, kcal: 386

Tipp:
Statt Speck können 2–3 Esslöffel Rosinen untergehoben werden, dann auch die Zwiebel weglassen.
Nach Belieben 1 Teelöffel Kümmelsamen unterheben.

1 Vom Weißkohl die groben äußeren Blätter entfernen. Den Kohl in Viertel schneiden und den Strunk herausschneiden. Den Kohl waschen und fein schneiden (Foto 1), mit dem Salz gut vermengen, 1 Stunde stehen lassen, dann die entstandene Flüssigkeit abgießen.

2 In einer Pfanne 1 Esslöffel Speiseöl erhitzen, den in Würfel geschnittenen Speck (Foto 2) darin andünsten und anschließend mit dem Kohl vermengen.

3 Für die Sauce Zwiebel abziehen, fein würfeln (Foto 3), mit Essig und dem restlichen Öl verrühren und mit Salz, Zucker und Pfeffer würzen. Den Weißkohl mit der Sauce vermengen und den Salat gut durchziehen lassen.

Kopfsalat mit Joghurtsauce

Schnell

1 großer Kopfsalat (oder 2 kleine Köpfe)

Für die Sauce:

150 g Naturjoghurt
1 Becher (150 g) Crème fraîche
1 EL Himbeeressig oder Weinessig
Salz
frisch gemahlener Pfeffer
etwas Zucker
1 Zwiebel, abgezogen und fein gewürfelt
1 EL gehackte Kräuter (z. B. Petersilie, Dill, Zitronenmelisse, Schnittlauch)

Zubereitungszeit:
20 Minuten

Pro Portion:
E: 4 g, F: 13 g, Kh: 7 g, kJ: 685, kcal: 163

1 Vom Kopfsalat die welken Blätter entfernen (Foto 1), die anderen vorsichtig vom Strunk lösen, die großen Blätter kleiner zupfen (Foto 2) und die Herzblätter ganz lassen. Den Salat in reichlich Wasser gründlich waschen, aber nicht drücken, gut abtropfen lassen oder trockenschleudern (Foto 3).

2 Für die Sauce alle Zutaten in einer Schüssel verrühren und mit den Salatblättern vermengen. Den Salat kurz durchziehen lassen und dann servieren.

Tipp:
Frisch schmeckt dazu auch eine Zucker-Zitronen-Sauce. Dazu den Saft einer Zitrone mit 1 gehäuften Teelöffel Zucker gut vermischen, bis der Zucker sich gelöst hat und über den Salat geben. Gut vermengen und kurz ziehen lassen.
Im Kapitel „Saucen“ finden Sie weitere leckere Salatsaucen.

Gemischter Blattsalat mit Honigsauce

Für Gäste

1 kleiner Kopf
Eisbergsalat
1 kleiner Kopf
Lollo Rosso
3–4 Chicoreé

Für die Sauce:
3 EL Wein-
oder Kräuteressig
1–2 TL milder Honig
(z. B. Akazienhonig)
Salz
frisch gemahlener Pfeffer
5 EL Sonnenblumen-
oder Maiskeimöl

Zubereitungszeit:
35 Minuten

Pro Portion:
E: 3 g, F: 18 g, Kh: 6 g,
kJ: 871, kcal: 208

Tipp:
Passt zu vielen Fleischgerichten. Weitere leckere Salatsaucen, die zum gemischten Blattsalat passen, finden Sie im Kapitel „Saucen".
Sie können die Salate auch einzeln zubereiten und nach Belieben mit Orangenfilets, Schinkenstreifen und Joghurtsauce (großes Foto) verfeinern.

1 Eisbergsalat von den welken Blättern befreien, halbieren, in breite Streifen schneiden, Blätter trennen (Foto 1), waschen und abtropfen lassen.

2 Vom Lollo Rosso die welken Blätter entfernen, die anderen vorsichtig vom Strunk lösen und die großen Blätter kleiner zupfen (Foto 2). Den Salat in reichlich Wasser gründlich waschen, aber nicht drücken und gut abtropfen lassen.

3 Chicoreé von schlechten Blättern befreien, waschen und abtropfen lassen. Enden abschneiden, Chicoreé halbieren, Strunk herausschneiden (Foto 3) und die Blätter quer in Streifen schneiden.

4 Für die Sauce Essig mit Honig, Salz und Pfeffer in einer Schüssel verrühren und Öl kräftig unterschlagen. Salate in eine Schüssel geben, die Sauce darüber gießen, vermengen und kurz durchziehen lassen.

Gurkensalat
Klassisch

2 mittelgroße Salatgurken
2 EL Kräuteressig
1 EL gehackte, frische Kräuter (z. B. Petersilie, Dill)
Salz
3 EL Speiseöl
frisch gemahlener Pfeffer

Zubereitungszeit:
20 Minuten

Pro Portion:
E: 1 g, F: 1 g, Kh: 3 g, kJ: 92, kcal: 21

Tipp:
Der Gurkensalat schmeckt statt mit Kräutersauce auch mit Joghurt-Kräuter-Sauce (siehe Seite 24).

1 Gurken schälen (Foto 1), die Enden abschneiden, die Gurken in dünne Scheiben schneiden oder hobeln (Foto 2).

2 Essig mit Kräutern und etwas Salz verrühren, Öl unterrühren und die Sauce mit Pfeffer würzen.

3 Sauce zu den Gurkenscheiben geben, gut vermengen und evtl. nochmals abschmecken.

Variante:
Gurkensalat mit Sauerrahm (Foto unten)

Dazu die Gurken wie angegeben vorbereiten. 2 Dillzweige abspülen, trockentupfen, fein schneiden oder hacken und mit 4 Esslöffeln saurer Sahne oder Schmand verrühren. Sauce mit Pfeffer und Salz abschmecken, mit den Gurkenscheiben vermengen und noch etwa 20 Minuten ziehen lassen.

Möhren-Apfel-Salat

Schnell

500 g Möhren
250 g Äpfel
2–3 EL Zitronensaft
Salz
1 Prise Zucker
1 EL Speiseöl

Zubereitungszeit:
25 Minuten

Pro Portion:
E: 1 g, F: 3 g, Kh: 12 g,
kJ: 374, kcal: 89

1 Möhren putzen, schälen und waschen. Äpfel schälen, vierteln und entkernen. Beide Zutaten auf einer Reibe grob raspeln.

2 Zitronensaft mit Salz und Zucker verrühren. Öl hinzufügen und unterrühren. Möhren und Äpfel mit der Sauce in einer Schüssel vermengen.

3 Den Salat mit Salz und Zucker nach Belieben abschmecken und etwas durchziehen lassen.

Tipp:
1–2 Esslöffel gehackte Haselnusskerne oder geröstete Sonnenblumenkerne und Rosinen unter den Salat mengen.
Verwenden Sie eine Apfelsorte mit viel Aroma, z. B. Cox Orange.
Heben Sie zusätzlich 1–2 Esslöffel gehackte frische Petersilie unter den Salat.

Feldsalat mit Käse und Speck

Einfach

150 g Feldsalat
100 g eingelegte Perlzwiebeln
10 Cocktailtomaten
200 g Gouda
125 g Frühstücksspeck (in dünnen Scheiben)

Für die Sauce:
5 EL Weißweinessig
1 TL süßer Senf
1 TL Zucker
Salz
frisch gemahlener Pfeffer
1 kleine Zwiebel
2 EL Distelöl

Zubereitungszeit:
35 Minuten

Pro Portion:
E: 13 g, F: 42 g, Kh: 6 g, kJ: 2052, kcal: 490

1 Vom Feldsalat die Wurzelenden abschneiden (Foto 1), den Salat verlesen, waschen, gut abtropfen lassen oder trockenschleudern (Foto 2). Perlzwiebeln auf ein Sieb geben, abtropfen lassen (Foto 3), Cocktailtomaten waschen, je nach Größe evtl. halbieren oder vierteln.

2 Käse in dünne Scheiben, dann in kleine Würfel schneiden (Foto 4). Frühstücksspeck in Streifen schneiden und in einer Pfanne ohne Fettzugabe kross ausbraten. Die Salatzutaten auf vier Tellern anrichten.

3 Für die Salatsauce Essig mit süßem Senf und Zucker verrühren, mit Salz und Pfeffer würzen. Zwiebel abziehen, fein würfeln und unterrühren. Zuletzt Öl unterrühren und die Salatsauce über die Salatportionen verteilen.

Variante:

Knackiger Feldsalat

Bereiten Sie den Feldsalat statt mit Käse und Perlzwiebeln mit Nusskernen Ihrer Wahl und Croûtons sowie mit Apfelessig und Nussöl zu.

Bunter Nudelsalat

Schnell – für Kinder

125 g Schmetterlingsnudeln (Farfalle)
1 l Wasser
1/2 TL Salz
200 g Möhren
200 g Blumenkohl
125 ml (1/8 l) Wasser
etwas Salz
200 g TK-Erbsen
100 g magerer gekochter Schinken
Salz, Pfeffer
150 g Salatmayonnaise
4 EL Milch
1 hart gekochtes Ei

Zubereitungszeit:
40 Minuten, ohne Durchziehzeit

Pro Portion:
E: 18 g, F: 11 g, Kh: 40 g, kJ: 1459, kcal: 348

Tipp:
Statt frischem Gemüse schmeckt auch Dosengemüse Ihrer Wahl.

1 Nudeln in kochendes Salzwasser geben, wieder zum Kochen bringen, kurz umrühren und nach Packungsanleitung garen. Nudeln auf ein Sieb geben, mit kaltem Wasser übergießen (Foto 1) und gut abtropfen lassen.

2 Möhren putzen (Foto 2), schälen, waschen und in Scheiben schneiden. Blumenkohl putzen, in Röschen zerteilen, waschen und abtropfen lassen.

3 In wenig kochendem Salzwasser Möhren und Blumenkohlröschen zugedeckt etwa 10 Minuten garen lassen. Zum Schluss Erbsen hinzufügen, alles noch etwa 3 Minuten kochen lassen (Foto 3), abgießen und abkühlen lassen.

4 Schinken in kleine Würfel schneiden, alle Zutaten vermengen und mit Salz und Pfeffer würzen. Mayonnaise mit Milch verrühren und darunter heben. Den Salat gut durchziehen lassen, das hart gekochte Ei pellen, achteln (Foto 4) und den Salat damit garnieren.

Griechischer Bauernsalat

Für Gäste

Für den Salat:
1 Salatgurke
6 Tomaten
½ Gemüsezwiebel (etwa 125 g)
75 g schwarze Oliven
200 g griechischer Schafkäse
einige Blätter Romana (Römersalat)

Für die Salatsauce:
2–3 EL Weißweinessig
Salz
frisch gemahlener Pfeffer
6 EL Olivenöl
frische Majoranblättchen (ersatzweise gerebelter Majoran)

Zubereitungszeit:
25 Minuten

Insgesamt:
E: 9 g, F: 29 g, Kh: 4 g, kJ: 1326, kcal: 317

Tipp:
Verwenden Sie anstelle von Schafkäse 1 Dose Thunfisch in Öl (Einwaage 180 g). Öl abgießen und den Thunfisch mit einer Gabel zerzupfen.

1 Für den Salat Gurke schälen (Foto 1), halbieren, evtl. entkernen und in Scheiben schneiden. Die Tomaten waschen, Stängelansätze herausschneiden und die Tomaten in Stücke schneiden.

2 Die Gemüsezwiebel abziehen und in dünne Scheiben schneiden (Foto 2). Die Oliven evtl. abtropfen lassen, Schafkäse in dünne Scheiben schneiden. Den Romana (Römersalat) waschen und abtropfen lassen.

3 Die Zutaten nacheinander auf einer großen Platte anrichten.

4 Für die Salatsauce Essig mit Salz und Pfeffer verrühren, anschließend das Öl unterrühren (Foto 3). Die Sauce über die Zutaten geben. Die Majoranblättchen (ersatzweise gerebelten Majoran) darüber geben.

Beigabe:
Frisch aufgebackenes Pide (Fladenbrot) und Tsatsiki (siehe Seite 29).

Kartoffelsalat
Klassisch

750 g gekochte, fest kochende Pellkartoffeln
1 mittelgroße Zwiebel
250 g Gewürzgurken
200 g Mayonnaise
Salz, Pfeffer
1 EL gehackte Petersilie

Zubereitungszeit:
30 Minuten, ohne Durchziehzeit

Pro Portion:
E: 5 g, F: 15 g, Kh: 35 g, kJ: 1287, kcal: 307

1 Kartoffeln warm pellen (Foto 1), erkalten lassen und in Scheiben schneiden. Zwiebel abziehen und würfeln. Gurken ebenfalls würfeln. Beides vorsichtig mit den Kartoffeln in einer Schüssel mischen.

2 Mayonnaise mit etwas Gurkensaft verrühren, Sauce unter den Salat heben und den Salat etwa 30 Minuten ziehen lassen.

3 Den Kartoffelsalat mit Salz und Pfeffer abschmecken und gut gekühlt und mit Petersilie garniert servieren.

Tipp:
Nach Belieben 1–2 gewürfelte Tomaten unterheben. 2 hart gekochte Eier fein würfeln und unterrühren. Den Salat mit Tomatenvierteln oder Cornichons (kleinen Gewürzgurken) garnieren.

Speckkartoffelsalat, warm
Herzhaft

1 kg gekochte, fest kochende Pellkartoffeln
1 Zwiebel
75 g geräucherter, durchwachsener Speck
50 ml Speiseöl
4 EL Essig
75 ml kalte Fleisch- oder Gemüsebrühe
Salz, Pfeffer

Zubereitungszeit:
25 Minuten

Pro Portion:
E: 7 g, F: 25 g, Kh: 38 g, kJ: 1773, kcal: 423

1 Kartoffeln warm pellen (Foto 1) und in Scheiben schneiden. Zwiebel abziehen und würfeln. Speck in sehr feine Würfel schneiden (Foto 2).

2 Speck in einer großen Pfanne auslassen (anbraten), Öl und Zwiebel hinzufügen, andünsten und mit Essig und Brühe ablöschen (hinzugießen, Foto 3).

3 Kartoffelscheiben hinzugeben, mit Salz und Pfeffer abschmecken und einige Minuten bei ausgeschalteter Kochstelle ziehen lassen, damit der Salat warm wird. Dann den Salat in eine Schüssel geben (Foto 4) und servieren.

Fisch – schmeckt

Fisch ist die gesunde Alternative zu Fleisch. Neben hochwertigem Eiweiß enthält er wichtige Spurenelemente wie Jod und essenzielle Fettsäuren. Er lässt sich braten, dünsten oder auch als Salat zubereiten.

Die Vielfalt an Fischsorten ist nahezu unerschöpflich, so dass man immer wieder Lust hat, etwas anderes auszuprobieren.

nicht nur freitags

Lachs in Sahnesauce

Raffiniert (Foto S. 48/49)

1 Lachsfilet (etwa 600 g) ohne Haut und Gräten
Salz
frisch gemahlener Pfeffer
40 g Butter
1 Bund Suppengrün
1 mittelgroße Zwiebel
1 geh. EL Weizenmehl
400 ml Schlagsahne
125 ml (1/8 l) Gemüsebrühe
Saft von 1/2 Zitrone
1 kleines Bund Kerbel

Zubereitungszeit:
1 Stunde

Pro Portion:
E: 17 g, F: 29 g, Kh: 7 g, kJ: 1540, kcal: 368

Tipp:
Dazu Salzkartoffeln oder Bandnudeln servieren.

1 Das Lachsfilet unter fließendem kalten Wasser abspülen, trockentupfen, mit Salz und Pfeffer bestreuen und in 4–6 gleich große Stücke (Filets) schneiden (Foto 1). Den Boden einer Auflaufform mit etwas von der Butter fetten und die Lachsfilets hineinlegen (Foto 2).

2 Suppengrün putzen und waschen. Möhre, Porree und Sellerie in sehr feine Würfel schneiden, Petersilie fein hacken. Zwiebel abziehen und ebenfalls fein würfeln.

3 Restliche Butter in einem Topf erhitzen und Zwiebel und Suppengrün darin andünsten. Mehl und Sahne mit einem Schneebesen verrühren und mit der Gemüsebrühe zu den Gemüsewürfeln gießen.

4 Sauce unter Rühren zum Kochen bringen, 2 Minuten kochen lassen, mit Salz, Pfeffer und Zitronensaft abschmecken und über den Lachs geben (Foto 3). Die Auflaufform ohne Deckel auf dem Rost in den Backofen schieben.

Ober-/Unterhitze:
etwa 200 °C (vorgeheizt)
Heißluft: etwa 180 °C (vorgeheizt)
Gas: Stufe 3–4 (vorgeheizt)
Backzeit: etwa 20 Minuten.

5 Den Lachs vor dem Servieren mit gezupften Kerbelblättchen garnieren.

Dorsch in Kartoffelkruste

Für Gäste

Für die Kartoffelkruste:
750 g Kartoffeln
1 Ei (Größe M)
Salz, Pfeffer
etwas geriebene Muskatnuss

Für die Dorschfilets:
4 Dorschfilets (junger Kabeljau, je 120 g)
30 g Weizenmehl
200–300 g Frittierfett

Für die Senfsauce:
3 Eigelb (Größe M)
4 EL trockener Weißwein
4 EL Fischfond oder -brühe
80 g sehr kalte Butter
125 ml ($^{1}/_{8}$ l) Schlagsahne
1 EL mittelscharfer Senf
1 EL scharfer Senf
1–2 EL Zitronensaft
1 Prise Zucker
einige Zitronenscheiben (unbehandelt)

Zubereitungszeit:
60 Minuten

Pro Portion:
E: 31 g, F: 53 g, Kh: 37 g, kJ: 3323, kcal: 793

1 Für die Kartoffelkruste Kartoffeln waschen, schälen und abspülen. Die Kartoffeln auf einer Küchenreibe fein reiben und auf einem Sieb gut ausdrücken (Foto 1). Kartoffelmasse mit Ei verrühren und mit Salz, Pfeffer und Muskat würzen.

2 Für die Dorschfilets Filets unter fließendem kalten Wasser abspülen, trockentupfen (Foto 2), mit Salz und Pfeffer bestreuen und in Mehl wenden.

3 Frittierfett in einem Topf oder in der Fritteuse stark erhitzen. Die Filets in die Kartoffelmasse geben und Kartoffelmasse ringsum dünn andrücken. Filets in das Fett legen und schwimmend in siedendem Fett etwa 5 Minuten braun und knusprig backen, dabei gelegentlich wenden. Die Filets auf Küchenpapier abtropfen lassen und auf einer vorgewärmten Platte warm stellen.

4 Für die Senfsauce Eigelb mit Wein und Fischfond oder -brühe in einem Topf im Wasserbad zu einer cremigen Masse aufschlagen (nicht kochen lassen, Foto 3). Dann den Topf aus dem Wasserbad nehmen und nach und nach Butter unterschlagen.

5 Sahne steif schlagen, unterheben und die Sauce mit Senf, Salz, Pfeffer, Zitronensaft und Zucker abschmecken.

6 Die Filets mit Zitronenscheiben garnieren und mit der Sauce servieren (Foto 4).

Tipp:
Dazu schmecken Wirsinggemüse, Salzkartoffeln und Gurkensalat (siehe Seite 40).
Anstelle von Dorsch kann auch Rotbarsch oder Seelachs verwendet werden.

Gebratenes Rotbarschfilet

Für Kinder

4 Rotbarschfilets
(je etwa 175 g)
etwas Salz
weißer Pfeffer
1 Ei (Größe M)
2 EL kaltes Wasser
40 g Weizenmehl
100 g Semmelbrösel
75 g Butter oder
Margarine

Zum Garnieren:
einige Zitronenscheiben
(unbehandelt)

Zubereitungszeit:
20 Minuten

Pro Portion:
E: 35 g, F: 22 g, Kh: 21 g,
kJ: 1886, kcal: 451

1 Rotbarschfilets unter fließendem kalten Wasser abspülen, trockentupfen und mit etwas Salz und Pfeffer bestreuen.

2 Ei mit Wasser verschlagen. Die Filets zunächst in Mehl (Foto 1), dann im verschlagenen Ei und zuletzt in Semmelbröseln wenden. Semmelbrösel etwas andrücken.

3 Butter oder Margarine in einer Pfanne erhitzen (Foto 2), die Filetstücke von beiden Seiten 8–10 Minuten darin goldbraun braten (Foto 3) und danach nach Belieben mit Küchenpapier das überschüssige Fett abtupfen (Foto 4).

4 Zum Servieren die Rotbarschfilets mit Zitronenscheiben garnieren.

Tipp:
Nach Belieben den Fisch vor dem Panieren mit etwas Zitronensaft beträufeln.
Anstelle von Rotbarschfilet Seelachs-, Kabeljau- oder Seezungenfilet verwenden.
Dazu passt Kartoffelsalat.

Variante:

Gebratene Scholle

Dazu 4 küchenfertige Schollen unter fließendem kalten Wasser abspülen, trockentupfen und mit 2 Esslöffeln Zitronensaft beträufeln. Schollen mit Salz und Pfeffer einreiben und gut mit Mehl bestäuben. Dann wie oben angegeben in 2–3 Esslöffeln Speiseöl braten.

Forellen mit Mandelsauce

Für Gäste

Für die Forellen:
4 küchenfertige Forellen
(je etwa 250 g)
etwas Zitronensaft
Salz
50 g Weizenmehl
3 EL Speiseöl
20 g Butter

Für die Mandelsauce:
50 g abgezogene,
gehobelte Mandeln
200 ml Schlagsahne
Salz, Pfeffer
Paprika edelsüß
1–2 EL Sherry medium dry

Zum Garnieren:
einige Zitronenscheiben
etwas frischer Dill

Zubereitungszeit:
45 Minuten

Pro Portion:
E: 32 g, F: 32 g, Kh: 10 g,
kJ: 2086, kcal: 499

1 Forellen unter fließendem kalten Wasser abspülen, trockentupfen und innen und außen mit Zitronensaft beträufeln. Anschließend mit Salz einreiben und in Mehl wenden (Foto 1).

2 Speiseöl in einer Pfanne erhitzen, die Forellen von beiden Seiten darin jeweils 8–10 Minuten braten und zum Schluss die Butter hinzufügen. Forellen aus der Pfanne nehmen, auf einer vorgewärmten Platte anrichten und warm stellen.

3 Für die Mandelsauce Mandeln in dem Bratfett bräunen (Foto 2), Sahne hinzugießen (Foto 3) und mit dem Bratfett verrühren. Sauce kurz aufkochen lassen und die Sauce mit Salz, Pfeffer, Paprika und Sherry abschmecken.

4 Zum Servieren die Forellen mit Zitronenscheiben (Foto 4) und Dill garnieren und die Mandelsauce dazu reichen.

Beilage:
Dillkartoffeln, Chicoréesalat.

Matjesfilets nach Hausfrauen-Art

Klassisch

8 Matjesfilets

Für die Sahnesauce:
2 kleine Zwiebeln
2 Äpfel
2 Gewürzgurken
1 Becher (150 g) Joghurt
1 Becher (200 ml) Schlagsahne
1 Prise Salz
frisch gemahlener Pfeffer
etwas Zucker
1 EL gehackter Dill

Zubereitungszeit:
25 Minuten,
ohne Durchziehzeit

Pro Portion:
E: 27 g, F: 52 g, Kh: 8 g,
kJ: 2709, kcal: 647

1 Matjesfilets unter fließendem kalten Wasser abspülen, trockentupfen und in etwa 2 cm große Stücke schneiden (Foto 1), dabei evtl. Gräten entfernen.

2 Für die Sahnesauce Zwiebeln abziehen und in feine Ringe schneiden. Äpfel schälen, vierteln und entkernen. Äpfel und Gewürzgurken in Scheiben schneiden (Foto 2).

3 Joghurt mit Sahne verrühren und je nach Salzigkeit des Matjesfilets mit Salz, Pfeffer und Zucker abschmecken. Zwiebelringe, Apfel- und Gurkenscheiben hinzufügen (Foto 3), die Matjesfilets in die Sauce legen und vorsichtig mischen. Eingelegte Filets kalt stellen und etwa 24 Stunden durchziehen lassen.

4 Matjesfilets vor dem Servieren mit gehacktem Dill bestreuen (Foto 4).

Beilage:
Pell-, Salz- oder Bratkartoffeln.

Tipp:
Anstelle von Sahne können auch 2–3 Esslöffel Mayonnaise verwendet werden.

Heringssalat
Gut vorzubereiten

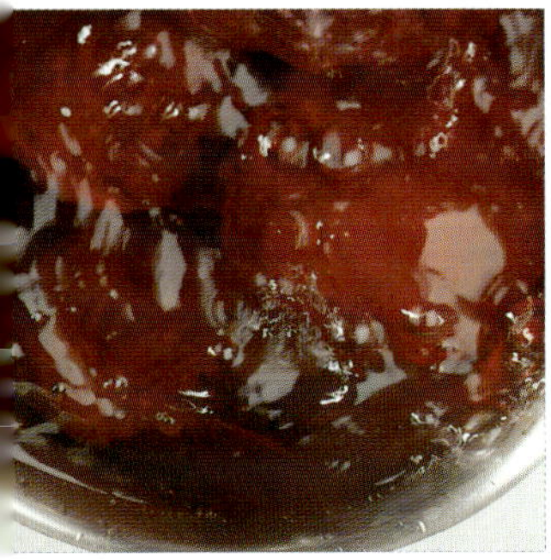

6–8 Portionen

350 g Kartoffeln
350 g Rote Bete
500 ml (1/2 l) Wasser
100 g Zucker
250 ml (1/4 l) Weißweinessig
2 Lorbeerblätter
2 große Äpfel
4 Eier (Größe M)
2 Zwiebeln
150 g Gewürzgurken
8 Matjesfilets (etwa 500 g)

Für die Sauce:
200 g Mayonnaise
150 g Naturjoghurt
3–4 EL Rote-Bete-Saft
Salz, Pfeffer
etwas Zucker
2 EL Apfelessig

Zubereitungszeit:
90 Minuten, ohne Durchziehzeit

Pro Portion:
E: 15 g, F: 34 g, Kh: 28 g, kJ: 2124, kcal: 508

Tipp:
Da frische Rote Bete stark färbt, empfiehlt es sich, beim Pellen und Schneiden Gummihandschuhe zu tragen.
Die Rote Bete kann auch aus dem Glas verwendet werden (etwa 300 g).
Statt Matjesfilets können auch Bismarckheringe verwendet werden.

1 Kartoffeln waschen, in Wasser zum Kochen bringen und in 20–25 Minuten gar kochen lassen (Garprobe). Kartoffeln abgießen, abdämpfen, pellen und erkalten lassen.

2 Rote Bete mit Schale in einen Topf geben, mit Wasser bedecken, zum Kochen bringen und etwa 1 Stunde zugedeckt kochen lassen (Foto 1). Anschließend abgießen, kalt abspülen, etwas abkühlen lassen und mit Hilfe eines Messers pellen (Foto 2).

3 Rote Bete in 1 cm dicke Scheiben schneiden, Wasser mit Zucker aufkochen lassen, Essig und Lorbeerblätter hinzufügen und die Rote Bete darin einige Stunden oder über Nacht marinieren (durchziehen lassen). Dann abgießen und die Rote Bete würfeln.

4 Äpfel schälen, vierteln, enkernen und in Scheiben schneiden. Eier in 8–10 Minuten hart kochen, abschrecken (mit kaltem Wasser übergießen), pellen und würfeln. Zwiebel abziehen und fein würfeln. Kartoffeln, Gurken und Matjesfilets ebenfalls würfeln (Foto 3).

5 Für die Sauce Mayonnaise, Joghurt, Rote-Bete-Saft, Salz, Pfeffer, Zucker und Essig miteinander verrühren und mit den gewürfelten Zutaten vermischen. Den Salat am besten über Nacht durchziehen lassen und vor dem Servieren nochmals abschmecken.

Gegrillte Riesengarnelen mit Cocktailsauce

Für Gäste

4–6 Portionen

24 Riesengarnelen
(King Prawns, TK-Ware)
etwas Speiseöl
Salz, Pfeffer

Für die Cocktailsauce:
100 g Salatmayonnaise
100 g Mayonnaise
1 TL Zitronensaft
1–2 EL Tomatenketchup
1–2 EL Cognac
1 EL Milch
1 TL Fondor-Gewürz
Salz, Zucker
1 TL fein gehackter Dill

Zubereitungszeit:
25 Minuten,
ohne Auftauzeit

Pro Portion:
E: 62 g, F: 27 g, Kh: 8 g,
kJ: 2437, kcal: 581

Beilage:
Grüner Salat und ofenwarmes Baguette.

1 Den Rücken der aufgetauten Garnelen mit einem Sägemesser aufschneiden und mit einem Messer oder einer spitzen Pinzette den Darm herausziehen (Foto 1). Anschließend die Garnelen unter fließendem kalten Wasser abspülen und trockentupfen.

2 Eine Grillpfanne erhitzen, Garnelen mit Öl einpinseln und kurz bei starker Hitze angrillen, dann umdrehen und bei mittlerer Hitze etwa 5 Minuten weitergrillen (Foto 2), dabei evtl. nochmals wenden. Anschließend die Garnelen ungeschält servieren oder schälen (Foto 3) und mit Salz und Pfeffer würzen.

3 Für die Cocktailsauce alle Zutaten miteinander verrühren. Die Sauce zu den Garnelen servieren.

Tipp:
Riesengarnelen finden Sie zumeist unter dem Namen „Prawns“ oder „King Prawns“ im Tiefkühlfach. Bereiten Sie anstelle der Cocktailsauce Zitronen-Knoblauchbutter zu. Dazu 75 g Butter zerlassen. 2 Knoblauchzehen abziehen, durch eine Knoblauchpresse drücken, mit der Butter in eine Schüssel geben und mit 2 EL Zitronensaft, 1 Messerspitze abgeriebener Zitronenschale (unbehandelt), etwas Salz und frisch gemahlenem Pfeffer verrühren und heiß zu den Garnelen servieren.

Fleisch – von klassi

Fleisch von Geflügel, Schwein, Rind und Lamm gehört zu vielen Hauptgerichten. Es lässt sich auf vielfältige Weise zubereiten und wird dabei nie langweilig, denn man kann es – je nach Gericht – auf unterschiedliche Art würzen, marinieren und braten, schmoren oder grillen. Außerdem ist es in Maßen genossen gesund, denn es liefert neben hochwertigem Eiweiß viel Eisen.

ch bis raffiniert

Hähnchenbrustfilet in Estragonsauce

Einfach (Foto S. 60/61)

4 Hähnchenbrustfilets
(je etwa 170 g)
Salz
etwas weißer Pfeffer

3 EL Speiseöl

Für die Sauce:
150 ml Hühnerbrühe
125 g Schmand
1 EL frische
Estragonblätter
3 EL trockener Weißwein
1 TL Senf

Zubereitungszeit:
45 Minuten

Insgesamt:
E: 44 g, F: 16 g, Kh: 1 g,
kJ: 1416, kcal: 339

1 Hähnchenbrustfilets unter fließendem kalten Wasser abspülen, trockentupfen und von allen Seiten mit Salz und Pfeffer bestreuen. Öl in einer Pfanne erhitzen und die Filets von beiden Seiten gut darin anbraten (Foto 1).

2 Nach und nach fast die ganze Hühnerbrühe hinzufügen. Die Filets darin etwa 20 Minuten bei mittlerer Hitze zugedeckt schmoren lassen, evtl. noch die restliche Brühe nachgießen.

3 Die Hähnchenbrustfilets herausnehmen, auf eine vorgewärmte Platte legen und mit Alufolie zudecken. Die Platte auf dem Rost in den vorgewärmten Backofen schieben und bei 100 °C (Ober-/Unterhitze) oder 80 °C (Heißluft) oder Stufe 1 (Gas) warm halten.

4 Schmand zu der Brühe geben (Foto 2), aufkochen lassen, Estragonblätter hinzufügen (Foto 3), mit Salz und Pfeffer würzen und die Sauce 2–3 Minuten einkochen lassen (reduzieren), dabei gelegentlich umrühren.

5 Weißwein und Senf in die Sauce rühren, nochmals abschmecken und mit den Hähnchenbrustfilets servieren.

Tipp:
Statt Schmand kann auch Crème fraîche oder Crème Double verwendet werden.
Dazu passen Salzkartoffeln oder Reis und gemischter Salat.

Hühnerfrikassee
Klassisch

1 küchenfertige Poularde (etwa 1 kg)
1 1/2 l kochendes Salzwasser
1 Bund Suppengrün
1 mittelgroße Zwiebel
1 Lorbeerblatt
1 Gewürznelke

Für die Sauce:
25 g Butter
30 g Weizenmehl
1 Glas Spargelstücke (Abtropfgewicht 175 g)
1 Glas Champignons (Abtropfgewicht 175 g)
4 EL Weißwein
1 EL Zitronensaft
1 TL Zucker
2 Eigelb (Größe M)
4 EL Schlagsahne
Salz, Pfeffer
etwas Worcestersauce
etwas Zitronensaft

Zubereitungszeit:
2 Stunden

Pro Portion:
E: 31 g, F: 38 g, Kh: 13 g, kJ: 2332, kcal: 557

Tipp:
Dazu Reis servieren.
Hühnerfrikassee kann sehr gut portionsweise eingefroren werden.
Wenn es besonders schnell gehen soll, 2 fertige halbe Brathähnchen kaufen, Fleisch von den Knochen lösen, Haut entfernen, das Fleisch in Würfel schneiden und wie im Rezept angegeben weiterverwenden.

1 Poularde innen und außen unter fließendem kalten Wasser abspülen, in das Salzwasser geben, zum Kochen bringen und abschäumen.

2 In der Zwischenzeit Suppengrün putzen, waschen und klein schneiden. Zwiebel abziehen, mit Lorbeerblatt und Gewürznelke spicken, die Zutaten hinzufügen (Foto 1).

3 Poularde etwa 1 1/2 Stunden zugedeckt köcheln lassen, bis sie gar ist. Poularde aus der Brühe nehmen. Brühe durch ein Sieb gießen, 500 ml (1/2 l) davon abmessen. Fleisch von den Knochen lösen, Haut entfernen und das Fleisch in große Würfel schneiden (Foto 2).

4 Für die Sauce Butter in einem Topf zerlassen, Mehl unter Rühren so lange darin erhitzen, bis es hellgelb ist. Brühe nach und nach hinzugießen und mit einem Schneebesen durchschlagen, dabei darauf achten, dass keine Klümpchen entstehen.

5 Sauce zum Kochen bringen und etwa 5 Minuten kochen lassen. Spargelstücke und Champignons auf einem Sieb abtropfen lassen, mit dem Fleisch in die Sauce geben und kurz aufkochen lassen. Weißwein, Zitronensaft und Zucker hinzufügen.

6 Topf von der Kochstelle nehmen. Eigelb mit Sahne verschlagen, das Frikassee damit abziehen (legieren, Sauce sämig machen), aber nicht mehr kochen lassen. Hühnerfrikassee mit Salz, Pfeffer, Worcestersauce und Zitronensaft abschmecken.

Brathähnchen

Für Kinder

1 Hähnchen oder
Poularde (etwa 900 g)
Salz, Pfeffer
Paprika, edelsüß
2 EL flüssige Butter
1 Zwiebel
2 Möhren
2 Tomaten
frischer Rosmarin
1 Lorbeerblatt
125 ml (1/8 l)
Hühnerbrühe

Zubereitungszeit:
70 Minuten

Pro Portion:
E: 23 g, F: 28 g, Kh: 5 g,
kJ: 1659, kcal: 397

1 Hähnchen oder Poularde innen und außen unter fließendem kalten Wasser abspülen, trockentupfen, mit Salz, Pfeffer und Paprika einreiben und mit flüssiger Butter bestreichen (Foto 1).

2 Zwiebel abziehen, würfeln. Möhren putzen (Foto 2), schälen, waschen, in Scheiben schneiden. Tomaten waschen, abtropfen lassen, kreuzweise einschneiden und kurz in kochendes Wasser legen. Tomaten enthäuten, Stängelansätze entfernen (Foto 3) und das Fruchtfleisch vierteln.

3 Die drei Zutaten mit von den Stängeln gezupftem Rosmarin, zerzupftem Lorbeerblatt, Hühnerbrühe und Hähnchen oder Poularde in einen Bräter geben (Foto 4) und auf dem Rost in den Backofen schieben.

Ober-/Unterhitze:
200–220 °C (vorgeheizt)
Heißluft: 180–200 °C
(nicht vorgeheizt)
Gas: Stufe 4–5 (nicht vorgeheizt)
Bratzeit: 50–60 Minuten.

4 Fertiges Hähnchen oder Poularde herausnehmen und mit einem Messer oder einer Geflügelschere in Stücke teilen. Den Sud evtl. mit etwas Wasser verlängern und mit Salz, Pfeffer und Paprika abschmecken.

Tipp:
Den Sud und das Gemüse durch ein Sieb passieren. Dadurch erhalten Sie eine samige Sauce. Das Hähnchen ist fettärmer als die Poularde.

Entenbrust mit Orangensauce

Für Gäste

2 Entenbrüste ohne Knochen (je 300 g)
Salz, Pfeffer
2 TL flüssiger Honig
15 g Butter
4–5 EL Grand Marnier (Orangenlikör)

Für die Orangensauce:
Schale von 1 Orange (unbehandelt)
Saft von 1 Orange
1 Becher (150 g) Crème fraîche
etwas Honig

Zubereitungszeit:
35 Minuten

Pro Portion:
E: 28 g, F: 40 g, Kh: 13 g, kJ: 2475, kcal: 591

Tipp:
Durch das Flambieren zieht der Likör gut ins Fleisch ein, so dass es sehr aromatisch schmeckt. Dazu Reis und Salat reichen.

1 Entenbrüste unter fließendem kalten Wasser abspülen, trockentupfen, mit Salz und Pfeffer bestreuen.

2 Entenbrüste in einer beschichteten Pfanne zuerst von der Fettseite, dann von der anderen Seite in 10–12 Minuten braten (Foto 1). Kurz vor Beendigung der Bratzeit die Haut der Entenbrüste mit Honig bestreichen (Foto 2), evtl. etwas Butter dazugeben (Foto 3).

3 Die Entenbrüste mit Grand Marnier flambieren (Foto 4), dazu Grand Marnier darüber gießen und vorsichtig mit einem Streichholz anzünden. Entenbrüste aus dem Bratensatz nehmen, auf einer vorgewärmten Platte anrichten und zugedeckt warm stellen.

4 Für die Orangensauce etwas Orangenschale mit einem Zestenreißer abschälen oder mit einem Messer etwas Schale dünn abschälen und in feine Streifen schneiden. Schale mit Orangensaft zu dem Bratensatz geben und erhitzen.

5 Crème fraîche unterrühren und die Sauce kurz zum Kochen bringen. Die Sauce mit Salz, Pfeffer und Honig abschmecken und zu den Entenbrüsten reichen.

Gefüllte Gans
Für Gäste – Dauert länger

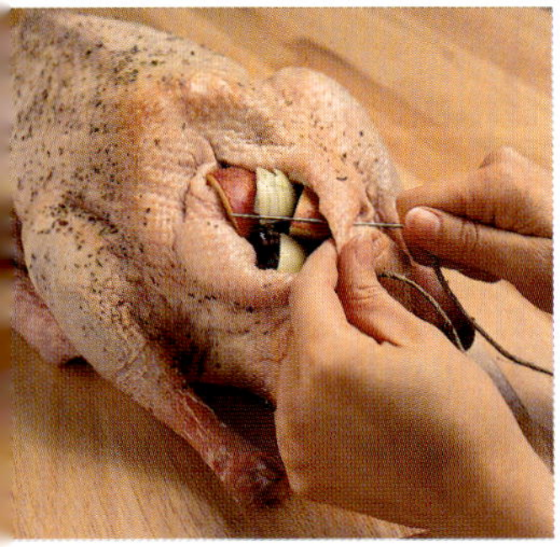

6–8 Portionen

1 küchenfertige Gans
(etwa 3 kg)
Salz, Pfeffer
gerebelter Majoran

Für die Füllung:
4 Zwiebeln
1 EL Butterschmalz
oder Margarine
400 g säuerliche Äpfel
100 g Rosinen

100 ml Wasser, 1 TL Salz

Für die Sauce:
200 ml Wasser
2 EL Weizenmehl
4 EL kaltes Wasser
1 Prise Zucker
etwas Weißwein

Ober-/Unterhitze: etwa 200 °C (vorgeheizt)
Heißluft: etwa 180 °C (nicht vorgeheizt)
Gas: Stufe 3–4 (nicht vorgeheizt)
Bratzeit: etwa 3 Stunden.

Zubereitungszeit:
3 1/2 Stunden

Pro Portion:
E: 45 g, F: 87 g, Kh: 16 g,
kJ: 4597, kcal: 1099

Tipp:
Dazu Kartoffelklöße und Rotkohl oder Rosenkohl (siehe Seite 101) reichen.

1 Gans abspülen, trockentupfen und innen und außen mit Salz, Pfeffer und Majoran würzen (Foto 1).

2 Für die Füllung Zwiebeln abziehen und achteln. Butterschmalz oder Margarine zerlassen, Zwiebeln bei mittlerer Hitze von allen Seiten darin anbraten. Äpfel schälen, vierteln, entkernen und in Achtel schneiden. Rosinen mit den Zwiebel- und Apfelstücken vermengen. Die Füllung in die Gans geben, Öffnung zunähen (Foto 2) oder mit einem Holzstäbchen verschließen, mit der Brust nach oben in eine angefeuchtete Fettfangschale geben und in den Backofen schieben.

3 Während des Bratens ab und zu unterhalb der Flügel und Keulen einstechen, damit das Fett ausbraten kann (Foto 3). Das Fett gelegentlich abschöpfen und über die Gans gießen. Sobald der Bratensatz bräunt, etwas Wasser hinzugießen. Die verdampfte Flüssigkeit nach und nach durch Wasser ersetzen. Etwa 20 Minuten vor Ende der Bratzeit die Gans mit Salzwasser bestreichen, damit die Haut kross wird. Fertige Gans in Portionsstücke teilen (tranchieren, Foto 4), mit der Füllung warm stellen.

4 Für die Sauce Bratensatz mit Wasser lösen, durch ein Sieb in einen Topf geben (Fett abschöpfen). Sauce evtl. mit etwas Wasser auffüllen und zum Kochen bringen. Mehl und Wasser anrühren, in der Flüssigkeit zum Kochen bringen, etwa 2 Minuten köcheln lassen. Sauce mit Salz, Gewürzen, Zucker und Wein abschmecken und zum Fleisch reichen.

Rinderrouladen
Klassisch

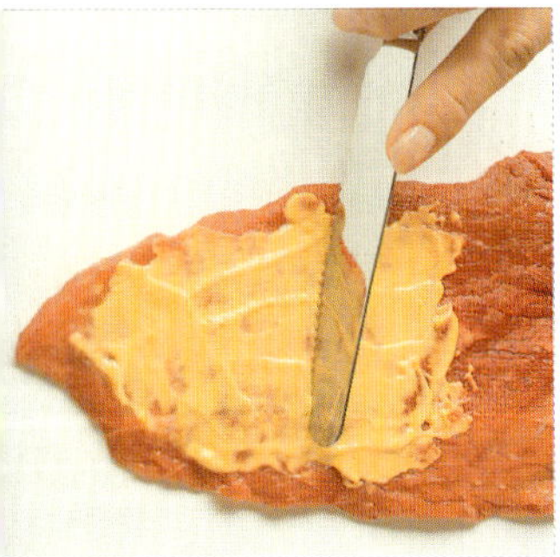

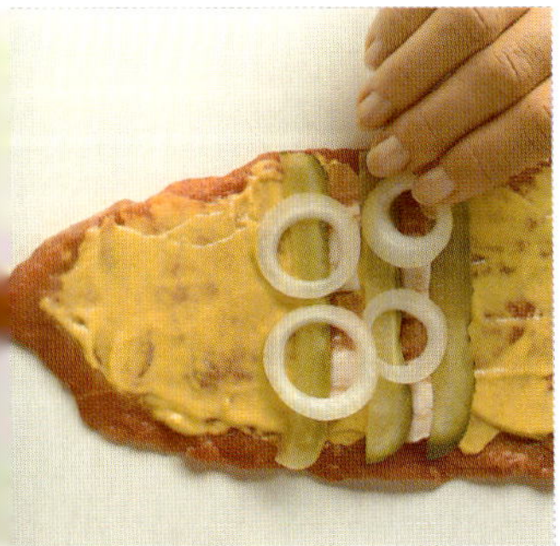

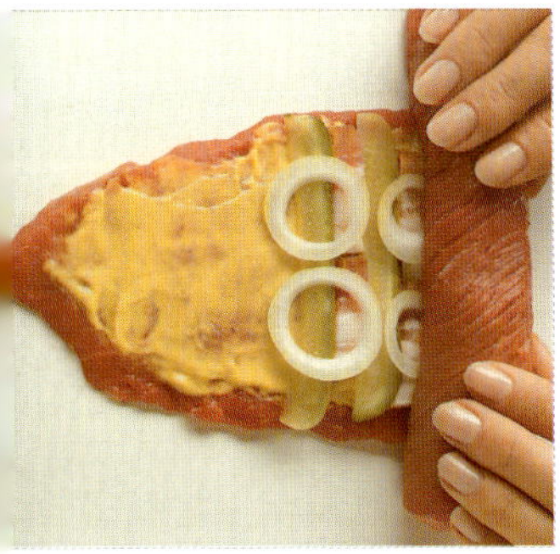

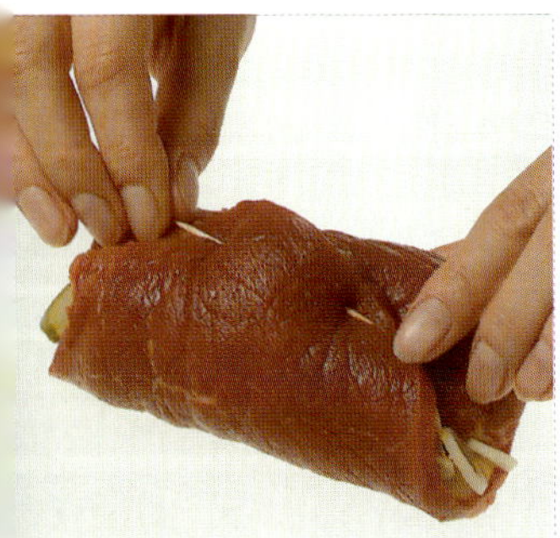

4 Scheiben Rindfleisch (je 200 g, aus der Keule geschnitten)
2 TL Senf
Salz
Pfeffer
Paprika edelsüß
2 Gewürzgurken
60 g durchwachsener Speck
1 Zwiebel
3 EL Speiseöl
150 ml heißes Wasser
1 Bund Suppengrün
125 ml ($^1/_8$ l) Rotwein oder Fleischbrühe
1–2 EL Crème fraîche
nach Belieben etwas Weinbrand

Zubereitungszeit:
2 Stunden

Pro Portion:
E: 46 g, F: 39 g, Kh: 4 g, kJ: 2582, kcal: 616

Tipp:
Die Sauce kann noch etwas gebunden werden. Dazu 1 gestrichenen Esslöffel Weizenmehl mit 2 Esslöffeln kaltem Wasser verrühren und unter die Sauce rühren oder einfach Saucenbinder verwenden. Sauce 1 Minute aufkochen lassen und zu den Rouladen reichen.
Salzkartoffeln oder Kartoffelklöße und Rotkohl dazu reichen.

1 Rindfleischscheiben mit Senf bestreichen (Foto 1) und mit Salz, Pfeffer und Paprika bestreuen. Gewürzgurken längs vierteln. Speck in Streifen oder Scheiben schneiden. Zwiebel abziehen, halbieren und in Scheiben schneiden.

2 Die Zutaten auf die Fleischscheiben geben (Foto 2), von der schmalen Seite her fest aufrollen (Foto 3) und mit einer Bratennadel oder Küchengarn zusammenhalten (Foto 4).

3 Öl in einem Schmortopf erhitzen. Rouladen von allen Seiten gut darin anbraten, heißes Wasser hinzugießen und Rouladen etwa 30 Minuten zugedeckt bei mittlerer Hitze schmoren lassen.

4 Suppengrün putzen, waschen, klein schneiden und zu den Rouladen geben. Das Gemüse noch etwa 1 Stunde mitschmoren lassen und die Rouladen von Zeit zu Zeit wenden. Verdampfte Flüssigkeit nach und nach durch Rotwein oder Fleischbrühe ersetzen.

5 Die Rouladen aus dem Topf nehmen und die Bratennadeln herausziehen oder das Küchengarn entfernen. Rouladen zugedeckt warm stellen. Schmorflüssigkeit mit dem Suppengrün durch ein Sieb streichen, wieder in den Schmortopf geben, Crème fraîche unterrühren und einmal unter Rühren aufkochen lassen. Die Sauce mit Salz, Pfeffer, Paprika und nach Belieben mit Weinbrand abschmecken.

Frikadellen
Schnell

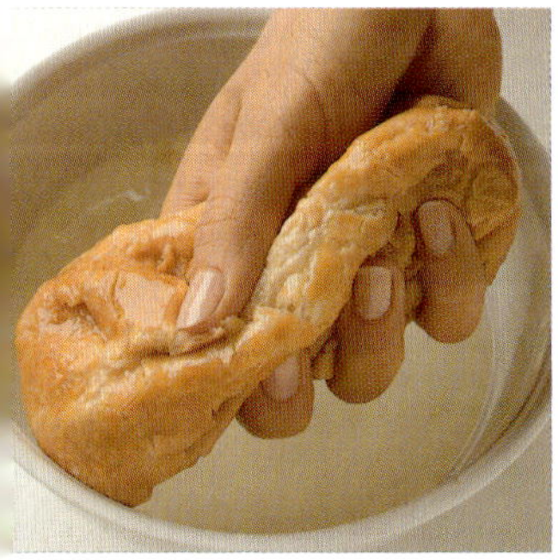

1 Brötchen (vom Vortag)
2 mittelgroße Zwiebeln
600 g Gehacktes (halb Rind-, halb Schweinefleisch)
1 Ei (Größe M)
Salz, Pfeffer
Paprika edelsüß
50 g Butterschmalz oder 4 EL Speiseöl

Zubereitungszeit:
25 Minuten

Pro Portion:
E: 32 g, F: 48 g, Kh: 8 g, kJ: 2648, kcal: 632

Tipp:
Die Zwiebeln schmecken milder, wenn sie vor der Zugabe in etwas Fett angedünstet werden. Geben Sie 1–2 Esslöffel fein gehackte frische Petersilie mit in den Frikadellenteig.
1 rote Paprikaschote halbieren, entstielen, entkernen und die weißen Scheidewände entfernen. Schoten waschen, in feine Würfel schneiden und mit unter den Frikadellenteig kneten.

1 Brötchen in kaltem Wasser einweichen (Foto 1). Zwiebeln abziehen und fein würfeln.

2 Brötchen gut ausdrücken (Foto 2), mit Zwiebeln, Gehacktem und Ei vermengen (Foto 3). Mit Salz, Pfeffer und Paprika abschmecken.

3 Aus der Masse mit nassen Händen Frikadellen formen (Foto 4). Das Pflanzenfett erhitzen, die Frikadellen von jeder Seite etwa 5 Minuten darin braten.

Beilage:
Kartoffelbrei, Möhrengemüse.

Variante:
Hamburger
Die Frikadellen etwas flacher drücken und von jeder Seite etwa 3 Minuten braten. 4–6 Hamburger-Brötchen waagerecht durchschneiden. Auf die untere Hälfte jeweils 1 gewaschenes, abgetropftes Salatblatt legen, je 1 Frikadelle darauf legen. 2 Tomaten und 2 Gewürzgurken in Scheiben schneiden und mit Senf und Ketchup auf den Frikadellen verteilen. Die obere Hälfte des Hamburger-Brötchens auflegen und servieren.

Rumpsteaks mit Zwiebeln

Für Gäste

2 große Zwiebeln
4 Rumpsteaks (je 200 g)
3–4 EL Speiseöl
Salz, Pfeffer
nach Belieben
etwas Steak-Gewürz

Zubereitungszeit:
20 Minuten

Pro Portion:
E: 63 g, F: 57 g, Kh: 2 g,
kJ: 2941, kcal: 702

Tipp:
Das Fleisch sollte nach dem Braten immer noch etwas ruhen, damit sich der Fleischsaft verteilt und das Steak saftig bleibt.
Das 3-Minuten-Steak („medium") ist besonders beliebt. Es ist nicht mehr roh („rare"; 1–2 Minuten), aber auch noch nicht ganz durchgebraten („welldone"; 5 Minuten).
Die Rumpsteaks zu Bratkartoffeln und Salat servieren.

1 Zwiebeln abziehen, halbieren und in Scheiben schneiden (Foto 1). Rumpsteaks evtl. unter fließendem kalten Wasser abspülen, trockentupfen und an den Rändern etwas einschneiden (Foto 2). Öl in einer Pfanne erhitzen.

2 Das Fleisch in das heiße Öl legen und kurz von beiden Seiten anbraten. Dann mit Salz, Pfeffer und Steak-Gewürz bestreuen und jede Seite 3–4 Minuten braten. Die Fleischscheiben dabei öfter mit Bratfett aus der Pfanne begießen, damit sie saftig bleiben (Foto 3).

3 Die Steaks auf einer vorgewärmten Platte anrichten, mit Alufolie zudecken und warm stellen. Die Zwiebelscheiben in das Bratfett geben, mit Salz und Pfeffer würzen, unter Wenden einige Minuten bräunen lassen und auf die Steaks geben (Foto 4).

Variante:

Rumpsteaks mit Pfeffersauce (großes Foto)

Dazu 4 Rumpsteaks kalt abspülen, gut trockentupfen und beidseitig mit Pfeffer bestreuen. Etwas Butterschmalz oder Speiseöl in einer Pfanne erhitzen und die Steaks wie oben angegeben braten. Steaks etwas salzen und wie im Rezept warm stellen. 200 ml Wasser zum Bratensatz in die Pfanne gießen, 1 Päckchen Rahmsauce (für 1/4 l Flüssigkeit) unterrühren und kurz aufkochen lassen. 1 Esslöffel eingelegte Pfefferkörner (aus dem Glas) 2–3 Minuten mitkochen lassen, 100 ml Schlagsahne dazugeben, verrühren und Sauce zu den Steaks servieren.

Würziges Schweinefilet

Gut vorzubereiten

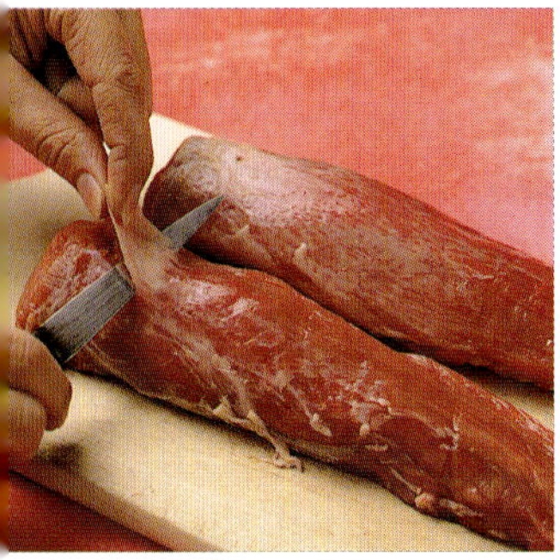

2 Schweinefilets (je 350 g)
etwa 100 ml Sojasauce
frisch gemahlener Pfeffer
Paprika edelsüß
etwas Majoran

zerlassene Butter

Für die Sauce:
250 ml (1/4 l) Wasser
oder Fleischbrühe
2 gestr. EL Weizenmehl
3 EL kaltes Wasser
4 EL Schlagsahne

Zubereitungszeit:
40 Minuten,
ohne Marinierzeit

Pro Portion:
E: 46 g, F: 35 g, Kh: 5 g,
kJ: 2221, kcal: 530

Tipp:
Geputztes, in Stücke geschnittenes Gemüse (Möhren, Zwiebeln, Porree, ...) mitgaren, dann durch ein Sieb passieren und damit die Sauce andicken (anstelle von Mehl und Wasser). So wird die Sauce schön sämig.

Beilage:
Kartoffelkroketten und Broccoli.

1 Schweinefilets unter fließendem kalten Wasser abspülen, trockentupfen und enthäuten (Foto 1). Die Filets etwa 30 Minuten in Sojasauce einlegen (marinieren), dazu die Filets mit Sojasauce begießen, zugedeckt kalt stellen und gelegentlich in der Sojasauce wenden.

2 Anschließend die Filets mit Salz, Pfeffer, Paprika und Majoran würzen, in eine feuerfeste Form legen und mit zerlassener Butter bestreichen (Foto 2). Die Form ohne Deckel auf dem Rost in den Backofen schieben.

Ober-/Unterhitze:
200–220 °C (vorgeheizt)
Heißluft: 180–200 °C (vorgeheizt)
Gas: Stufe 4–5 (vorgeheizt)
Backzeit: etwa 25 Minuten.

3 Das gare Fleisch mit Alufolie zudecken und noch einige Minuten bei Zimmertemperatur ruhen lassen.

4 Für die Sauce den Bratensatz mit Wasser oder Fleischbrühe vom Boden der Form unter Rühren lösen, in einen Topf geben (Foto 3) und zum Kochen bringen. Mehl mit Wasser anrühren, unter Rühren in die Flüssigkeit geben, zum Kochen bringen und etwa 2 Minuten kochen lassen. Sahne unterrühren, die Sauce mit Salz, Pfeffer und Sojasauce (von der Marinade) abschmecken und zum Fleisch reichen.

5 Das Fleisch in Scheiben schneiden, auf einer vorgewärmten Platte anrichten und mit der Sauce servieren (Foto 4).

Schweineschmorbraten
Klassisch

750 g Schweinefleisch (aus der Keule, ohne Knochen)
1 Bund Suppengrün
4 mittelgroße Zwiebeln
30 g Butterschmalz
oder 3 EL Speiseöl
Salz
Pfeffer
gerebelter Majoran
etwas heißes Wasser

200 ml kaltes Wasser

Zubereitungszeit:
2 Stunden

Pro Portion:
E: 40 g, F: 25 g, Kh: 7 g,
kJ: 1865, kcal: 444

Beigabe:
Kartoffelklöße und Rosenkohl (siehe Seite 101).

1 Schweinefleisch kalt abspülen und trockentupfen. Suppengrün putzen und waschen. Zwiebeln abziehen. Die Zutaten klein schneiden.

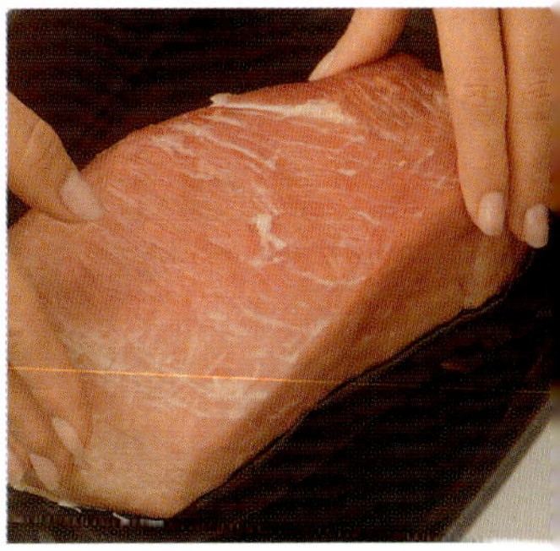

2 Butterschmalz oder Öl in einem Topf erhitzen, Fleisch von allen Seiten gut darin anbraten (Foto 1), mit Salz, Pfeffer und Majoran bestreuen, etwas heißes Wasser hinzugießen, so dass der Boden bedeckt ist und das Fleisch zugedeckt etwa 1 1/2 Stunden schmoren lassen.

3 Den Braten von Zeit zu Zeit wenden, verdampfte Flüssigkeit nach und nach durch heißes Wasser ersetzen. 30 Minuten vor Beendigung der Schmorzeit das Gemüse hinzufügen (Foto 2).

4 Das gare Fleisch vor dem Schneiden 10 Minuten ruhen lassen, damit sich der Fleischsaft setzt.

5 In der Zwischenzeit Bratensatz mit dem Gemüse durch ein Sieb streichen (Foto 3), etwa 500 ml (1/2 l) Bratensatz (evtl. mit Wasser aufgefüllt) zum Kochen bringen und etwas einkochen lassen (reduzieren). Sauce mit Salz, Pfeffer und Majoran abschmecken.

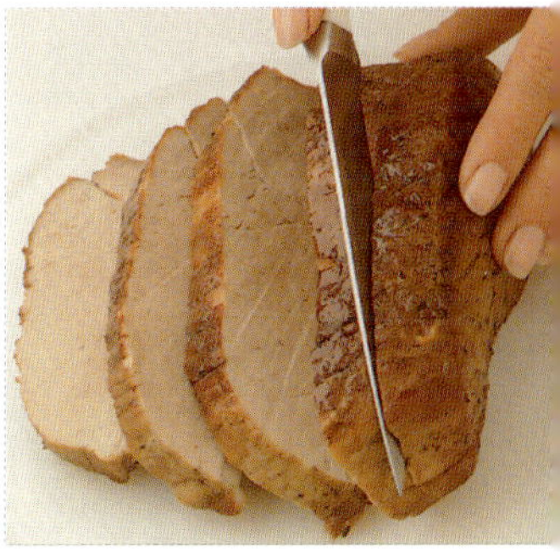

6 Das Fleisch quer zur Fleischfaser in Scheiben schneiden (Foto 4) und auf einer vorgewärmten Platte anrichten.

Holsteiner Schnitzel
Klassisch

Für die Schnitzel:
4 Schweineschnitzel (je 150 g)
Salz
frisch gemahlener Pfeffer
40 g Weizenmehl
1 Ei (Größe M)
2 EL Wasser
60 g Semmelbrösel
4 EL Speiseöl

Für die Spiegeleier:
30 g Butter oder Margarine
4 Eier
Salz

4 Sardellenfilets
etwas Friséesalat
Tomatenachtel

Zubereitungszeit:
25 Minuten

Pro Portion:
E: 41 g, F: 49 g, Kh: 16 g, kJ: 2978, kcal: 711

1 Fleisch unter fließendem kalten Wasser abspülen, trockentupfen, evtl. leicht flach klopfen und mit Salz und Pfeffer bestreuen (Foto 1). Die Schnitzel zuerst in Mehl (Foto 2), dann in verschlagenem Ei (Foto 3) und zuletzt in Semmelbröseln (Foto 4) wenden, etwas andrücken.

2 Speiseöl erhitzen, die Schnitzel von jeder Seite darin etwa 5 Minuten braten und auf vorgewärmten Tellern anrichten oder zunächst auf eine Platte geben und warm stellen.

3 Für die Spiegeleier Butter oder Margarine in einer Pfanne zerlassen, die Eier vorsichtig aufschlagen und nebeneinander in die Pfanne gleiten lassen. Das Eiweiß mit Salz bestreuen und die Eier bei mittlerer Hitze etwa 5 Minuten braten lassen, bis das Eiweiß fest ist.

4 Die Spiegeleier mit einem Pfannenwender aus der Pfanne nehmen und jeweils auf ein Schnitzel legen. Die Schnitzel außerdem mit je einem Sardellenfilet, gewaschenem, abgetropften Friséesalat und Tomatenachteln garnieren.

Tipp:
Für einfache Schnitzel anstelle von Spiegelei, Sardellen, Friséesalat und Tomaten einfach ein Päckchen Sauce (z. B. Jägersauce) zubereiten, da hier kein Bratensatz anfällt, aus dem eine Sauce zubereitet werden kann.

Mariniertes Grillfleisch

Für Gäste

8 Portionen

Lammkoteletts:
8 Lammkoteletts
3 Knoblauchzehen
Schale und Saft von
1/2 Zitrone (unbehandelt)
1/2 TL frischer Rosmarin
4 EL Olivenöl

Hähnchenflügel:
1 kg Hähnchenflügel
4 EL Sojasauce
4 EL süße Ingwersauce
4 EL Essig
2 EL brauner Zucker
4 Knoblauchzehen
4 EL Sesamöl
etwas frischer Ingwer
1 Prise Cayennepfeffer
Salz, Pfeffer

Schweinerippchen:
1 kg Schweinerippchen
125 ml (1/8 l) starker Kaffee
125 ml (1/8 l) Ketchup
3 EL brauner Zucker
3 EL Balsamico-Essig
1 EL Worcestersauce
abgeriebene Schale von
1/2 Zitrone (unbehandelt)
1 EL Zitronensaft
1 TL Paprika edelsüß

Zubereitungszeit:
40 Minuten, ohne Marinierzeit

Pro Portion:
E: 71 g, F: 64 g, Kh: 7 g, kJ: 3992, kcal: 954

1 Lammkoteletts unter fließendem kalten Wasser abspülen und trockentupfen.

2 Knoblauchzehen abziehen, klein hacken, mit Zitronenschale und -saft, Rosmarin und Olivenöl verrühren. Die Marinade einige Zeit durchziehen lassen. Lammkoteletts damit bestreichen (Foto 1) und 1–2 Stunden marinieren (einlegen). Dann auf den heißen Grillrost legen und von beiden Seiten jeweils etwa 3 Minuten grillen.

3 Die Hähnchenflügel unter fließendem kalten Wasser abspülen und trockentupfen. Sojasauce, Ingwersauce, Essig, Zucker, abgezogene, gehackte Knoblauchzehen, Sesamöl, gehackten Ingwer, Cayennepfeffer, Salz und Pfeffer verrühren.

4 Die Flügel 1–2 Stunden darin marinieren, dabei gelegentlich wenden (Foto 2), auf den heißen Grillrost legen, etwa 10 Minuten grillen und zwischendurch wenden.

5 Die Schweinerippchen unter fließendem kalten Wasser abspülen und trockentupfen. Kaffee mit Ketchup, Zucker, Essig, Worcestersauce, Zitronenschale und -saft, Paprika, Salz und Pfeffer verrühren.

6 Sauce zum Kochen bringen, bei schwacher Hitze so lange köcheln lassen, bis der Zucker gelöst ist. Rippchen mit der Marinade übergießen (Foto 3), 1–2 Stunden im Kühlschrank marinieren, zwischendurch wenden, anschließend auf den heißen Grillrost legen und von jeder Seite 8–10 Minuten grillen.

Tipp:
Süße Ingwersauce ist in Asialäden erhältlich.

Gulasch

Gut vorzubereiten

500 g Zwiebeln
500 g schieres (mageres) Rindfleisch (ohne Knochen, z. B. aus der Unterschale)
30 g Margarine
Salz
frisch gemahlener Pfeffer
Paprika edelsüß
2 schwach gehäufte EL Tomatenmark
250 ml (¼ l) heißes Wasser
1 Glas Champignons (Abtropfgewicht 210 g)
1–2 Spritzer Tabasco

Zubereitungszeit:
90 Minuten

Pro Portion:
E: 29 g, F: 21 g, Kh: 8 g,
kJ: 1504, kcal: 359

1 Zwiebeln abziehen, halbieren und in Scheiben schneiden. Fleisch unter fließendem kalten Wasser abspülen, trockentupfen und in Würfel schneiden (Foto 1).

2 Die Hälfte der Margarine in einem Bratentopf erhitzen und das Fleisch in zwei Portionen von allen Seiten gut darin anbraten. Den Rest der Margarine und die Zwiebelscheiben hinzufügen (Foto 2) und mitbräunen lassen.

3 Das Ganze mit Salz, Pfeffer und Paprika würzen und Tomatenmark unterrühren (Foto 3).

4 Das heiße Wasser hinzugießen (Foto 4) und das Fleisch in 1–1½ Stunde zugedeckt gar schmoren lassen.

5 Champignons auf einem Sieb abtropfen lassen, hinzufügen und kurz miterhitzen. Gulasch mit Salz, Pfeffer, Paprika und Tabasco abschmecken.

Tipp:

Anstelle von Salz, Pfeffer und Paprika kann auch fertiges Gulaschgewürz verwendet werden.
Raffinierter wird das Gulasch, wenn die Hälfte des Wassers durch Rotwein ersetzt wird.
Dazu schmecken Nudeln.
Anstelle von Rindfleisch kann auch mageres Schweinefleisch verwendet werden. Dann verkürzt sich die Schmorzeit auf 45 Minuten.
Gulasch kann gut vorbereitet und portionsweise eingefroren werden.

Rahmgeschnetzeltes mit Champignons

Schnell – Klassisch

500 g mageres Kalb- oder Schweinefleisch
2 EL Weizenmehl
2 mittelgroße Zwiebeln
3 EL Butter oder Margarine
1 Glas Champignons (Abtropfgewicht 210 g) oder 200 g frische Champignons
125 ml (1/8 l) Weißwein
250 ml (1/4 l) Schlagsahne
Salz
frisch gemahlener Pfeffer
1 Prise Zucker

Zubereitungszeit:
30 Minuten

Pro Portion:
E: 28 g, F: 34 g, Kh: 10 g, kJ: 2170, kcal: 518

Tipp:
Anstelle von Champignons können auch Pfifferlinge oder Steinpilze verwendet werden. Kalb- oder Schweinefleisch kann auch durch Putenfleisch ersetzt werden.

1 Fleisch unter fließendem kalten Wasser abspülen, trockentupfen, in hauchdünne, teelöffelgroße Scheiben schneiden (Foto 1) und mit Mehl bestäuben (Foto 2). Zwiebeln abziehen und würfeln.

2 Einen Esslöffel Butter oder Margarine in einer Pfanne erhitzen, ein Viertel der Zwiebelwürfel und die Hälfte des Fleisches etwa 2 Minuten unter gelegentlichem Umrühren darin braten lassen (Foto 3) und aus der Pfanne nehmen. Wieder einen Esslöffel Butter oder Margarine erhitzen, das restliche Fleisch und ein weiteres Viertel Zwiebelwürfel hineingeben und auf die gleiche Weise zubereiten. Fleisch warm stellen.

3 Restliche Butter oder Margarine zerlassen, restliche Zwiebelwürfel darin andünsten. Champignons abtropfen lassen oder frische Champignons putzen und mit Küchenpapier abreiben. Pilze in Scheiben schneiden, zu den Zwiebelwürfeln geben und durchdünsten lassen.

4 Fleisch, Wein und Sahne hinzufügen (Foto 4), mit Salz, Pfeffer und Zucker würzen. Das Geschnetzelte etwa 5 Minuten erhitzen und sofort servieren.

Beilage:
Berner Rösti, Spätzle oder Reis und Salat.

Pfannen-Gyros

Gut vorzubereiten

500 g Schweinefleisch (Schnitzelfleisch)
400 g Zwiebeln
8 EL Speiseöl
Salz, Pfeffer
1 EL Paprika edelsüß
etwas gerebelter Oregano

Zubereitungszeit:
20 Minuten, ohne Marinierzeit

Pro Portion:
E: 32 g, F: 32 g, Kh: 10 g, kJ: 1976, kcal: 471

1 Fleisch kurz unter fließendem kalten Wasser abspülen, trockentupfen und in dünne Streifen schneiden (Foto 1). Zwiebeln abziehen, halbieren, in Streifen oder Ringe schneiden.

2 Öl mit Salz und Gewürzen verrühren und Fleisch- und Zwiebelstreifen darin 12–24 Stunden marinieren (Foto 2), dabei zwischendurch einmal wenden.

3 Fleisch und Zwiebeln aus der Marinade nehmen, gut abtropfen lassen und unter Wenden portionsweise etwa 5 Minuten in einer Pfanne braten (Foto 3).

Tipp:
Das Fleisch kann statt mit Salz, Pfeffer, Paprika und Oregano auch mit 2 Teelöffeln Gyros-Gewürzsalz gewürzt werden.
Dazu passt sehr gut Tsatsiki (siehe Seite 29) und Pide (Fladenbrot).

Kasseler Rippenspeer

Herzhaft

6 Portionen

Für das Kasseler:
$1\,^1/_2$ kg Kasseler Kotelettstück (mit Knochen, vom Metzger herauslösen und zerkleinern lassen)
1 mittelgroße Zwiebel
1 mittelgroße Tomate
1 Bund Suppengrün
1 kleines Lorbeerblatt

125 ml ($^1/_8$ l) heißes Wasser

Für die Sauce:
etwas Wasser
etwas Saucenbinder
Salz
frisch gemahlener Pfeffer

Zubereitungszeit:
$1\,^1/_2$ Stunden

Pro Portion:
E: 59 g, F: 48 g, Kh: 8 g
kJ: 3104, kcal: 741

Beilage:
Salzkartoffeln, Ananas-Sauerkraut.

Tipp:
Kasseler Rippenspeer kann auch in einem Bratentopf mit Deckel auf der Kochplatte zubereitet werden.
1–2 Esslöffel Crème fraîche unter die Sauce rühren.

1 Kasseler unter fließendem kalten Wasser abspülen, trockentupfen und die Fettschicht gitterförmig einschneiden (Foto 1). Zwiebel abziehen. Tomate waschen, vierteln, den Stängelansatz herausschneiden. Suppengrün putzen, waschen und das Gemüse fein würfeln.

2 Das Fleisch mit der Fettschicht nach oben in einen mit Wasser ausgespülten Bräter legen (Foto 2), Gemüse, Lorbeerblatt und Knochen dazugeben und den Bräter ohne Deckel auf dem Rost in den Backofen schieben.

Ober-/Unterhitze:
200–220 °C (vorgeheizt)
Heißluft: 180–200 °C
(nicht vorgeheizt)
Gas: etwa Stufe 4 (nicht vorgeheizt)
Bratzeit: etwa 50 Minuten.

3 Verdampfte Flüssigkeit nach und nach durch heißes Wasser ersetzen (Foto 3) und das Fleisch ab und zu mit dem Bratensatz begießen.

4 Das gare Fleisch vor dem Schneiden 10 Minuten ruhen lassen, damit sich der Fleischsaft setzt, dann in Scheiben schneiden und auf einer vorgewärmten Platte anrichten (Foto 4).

5 Für die Sauce den Bratensatz mit etwas Wasser aufkochen, mit dem Gemüse durch ein Sieb passieren und auf der Kochstelle zum Kochen bringen. Die Flüssigkeit mit Saucenbinder binden und nochmals kurz aufkochen lassen. Die Sauce mit Salz und Pfeffer abschmecken.

Lammkeule mit Senfkruste

Dauert länger

1 kg Lammkeule (ohne Knochen)
375 ml (3/8 l) Rotwein
125 ml (1/8 l) Rotweinessig
1 Lorbeerblatt
1 Zweig Rosmarin
1 Zweig Basilikum
1 Zweig Thymian
1 unbehandelte Orange
1 unbehandelte Zitrone
1 Zwiebel
1 Bund Suppengrün
Salz, Pfeffer
5 EL Olivenöl

Für die Senfkruste:
3 EL mittelscharfer Senf
1 TL gerebelter Majoran
1 TL gerebelter Thymian
1 TL gerebeltes Basilikum
Salz, 80 g Semmelbrösel
50 g weiche Butter

Zubereitungszeit:
2 Stunden, ohne Marinierzeit

Pro Portion:
E: 52 g, F: 60 g, Kh: 22 g, kJ: 3988, kcal: 952

Beilage:
Salzkartoffeln (siehe Seite 112), grüne Bohnen (siehe Seite 98)

Tipp:
Bereiten Sie aus dem Bratensatz eine Sauce zu. Dazu das mitgegarte Gemüse mit dem Sud durch ein Sieb streichen und in den Bräter geben, 100 ml Schlagsahne hinzufügen, den Bratensatz losrühren und die Sauce nach Belieben etwas einkochen (reduzieren).

1 Lammkeule unter fließendem kalten Wasser abspülen, trockentupfen und in eine Schüssel geben (Foto 1). Essig mit Lorbeerblatt, Rosmarin, Basilikum und Thymian verrühren und mit dem Rotwein über das Fleisch gießen (Foto 2).

2 Orange und Zitrone heiß abwaschen, abtrocknen, in Scheiben schneiden und in die Marinade legen. Zwiebel abziehen, Suppengrün putzen und waschen. Die Zutaten klein schneiden, in die Marinade geben. Das Fleisch zugedeckt 1–2 Tage kalt stellen und gelegentlich wenden.

3 Das Fleisch aus der Marinade nehmen, trockentupfen, mit Salz und Pfeffer würzen. Die Marinade durch ein Sieb gießen.

4 Öl in einem Bräter erhitzen, die Lammkeule rundherum anbraten, etwas mariniertes Gemüse dazugeben, mit andünsten und etwas Marinade angießen. Den Bräter ohne Deckel auf dem Rost in den Backofen schieben (Foto 3).

Ober-/Unterhitze:
180–200 °C (vorgeheizt)
Heißluft: 160–180 °C (nicht vorgeheizt)
Gas: Stufe 3–4 (nicht vorgeheizt)
Bratzeit: etwa 75 Minuten.

5 Während des Bratens die Lammkeule mehrmals mit der Marinade begießen.

6 Für die Senfkruste Senf, Kräuter, Salz, Semmelbrösel und Butter verrühren (Foto 4). Nach knapp 1 Stunde Bratzeit die Masse auf die Lammkeule streichen und die Keule fertig braten.

Eierspeisen –
harte Sch

Eier sind fast unentbehrlich, ob als Frühstück, zum Binden, zum Panieren oder Garnieren. Sie können schon als einfaches Spiegelei oder Rührei begeistern, sind jedoch auch vielseitig einzusetzen und zu kombinieren, wie zum Beispiel in luftigen Omeletts oder leckeren Eierpfannkuchen.

le, weicher Kern

Spiegeleier

Schnell **(Foto S. 86/87)**

20 g Butter
oder Margarine
4 Eier (Größe M)
etwas Salz

Zubereitungszeit:
10 Minuten

Pro Portion:
E: 8 g, F: 11 g, Kh: 0 g,
kJ: 582, kcal: 139

1 Butter oder Margarine in einer großen Pfanne bei mittlerer Hitze zerlassen.

2 Eier vorsichtig aufschlagen und nebeneinander in das heiße Fett gleiten lassen, dabei darauf achten, dass das Eigelb ganz bleibt. Das Eiweiß mit etwas Salz bestreuen und das Ei etwa 5 Minuten braten lassen, bis das Eiweiß fest ist. Dann die Spiegeleier aus der Pfanne nehmen und sofort servieren.

Beilage:
Salzkartoffeln, Spinat oder Mangold.

Tipp:
Das Spiegelei auf einem mit Salat, Käse, Tomaten, Gurken und gebratenen Zwiebeln belegten Vollkornbrot servieren (Foto oben).
Wenn auch das Eigelb fest sein soll, kann das fertig gebratene Spiegelei vorsichtig umgedreht und auch noch kurz von der anderen Seite gebraten werden.

Rührei
Preiswert

6 Eier (Größe M)
6 EL Milch
Salz, Pfeffer
etwas geriebene
Muskatnuss
40 g Butter
oder Margarine

Zubereitungszeit:
10 Minuten

Pro Portion:
E: 12 g, F: 20 g, Kh: 2 g,
kJ: 1042, kcal: 249

Tipp:
Zur Verfeinerung einen Esslöffel fein geschnittenen Schnittlauch über das Rührei streuen.

1 Eier mit Milch, Salz, Pfeffer und Muskat in eine Schüssel geben und kurz verschlagen (Foto 1). Butter oder Margarine in einer Bratpfanne zerlassen (Foto 2).

2 Eiermilch hineingeben. Sobald die Masse zu stocken beginnt, sie mit einem Holzspatel oder -löffel strichweise vom Boden der Pfanne losrühren (Foto 3) und dabei weiter erhitzen, bis keine Flüssigkeit mehr vorhanden ist. Das Rührei muss weich und großflockig, aber nicht trocken sein. Das Rührei sofort servieren.

Variante:
Schinken-Rührei
2–3 Scheiben gekochten Schinken klein schneiden und mit der Eiermilch verrühren.

Omelett
Klassisch

1 Portion

2 Eier (Größe M)
2 TL Wasser
1 Prise Zucker oder Salz
1 EL Butter

Zubereitungszeit:
10 Minuten

Pro Portion:
E: 16 g, F: 22 g, Kh: 2 g,
kJ: 1180, kcal: 282

1 Eier mit Wasser und Zucker (süße Variante) oder Salz (pikante Variante) mit einer Gabel oder einem Schneebesen kurz verquirlen (Foto 1). Omelettmasse nicht zu lange schlagen, da sonst die Eimasse zu viel Fett beim Braten aufnimmt.

2 Butter in einer beschichteten kleinen Pfanne (Ø 20–22 cm) erhitzen, die Eimasse hineingießen (Pfanne mit einem Deckel schließen) und etwa 5 Minuten bei schwacher Hitze stocken lassen (Foto 2). Das Omelett ist fertig, wenn die Unterseite schon fest (aber nicht braun), die Oberseite aber noch weich ist.

3 Das Omelett von zwei Seiten einschlagen und dann vorsichtig aus der Pfanne auf einen vorgewärmten Teller stürzen (Foto 3), so dass die eingeschlagenen Seiten unten liegen.

Tipp:
Das Omelett wird lockerer, wenn das Eiweiß getrennt steif geschlagen (Foto 4) und dann unter die Eigelbmasse gehoben wird.
Omelett pikant mit Kopfsalat und feinem Gemüse, z. B. Erbsen, Spargel oder neuen Kartoffeln reichen oder mit Frikassee, gedünsteten Pilzen, Gemüse oder Kräutern füllen. Raffiniert ist es auch, Schnittlauch und Käse mit der Eimasse zu backen.
Omelett süß mit angedickten Kirschen oder anderem Obst servieren, mit Puderzucker bestäuben.

Spargel-Schinken-Omelett

Schnell

2 Portionen

1 kleines Glas gegarte Spargelspitzen (Abtropfgewicht 110 g)
100 g gekochter Schinken
1 EL Butter oder Margarine

4 Eier (Größe M)
4 EL Milch
1 Prise Salz
20 g Butter oder Margarine
etwas gehackte Petersilie

Zubereitungszeit:
15–20 Minuten

Pro Portion:
E: 14 g, F: 19 g, Kh: 1 g, kJ: 1015, kcal: 242

1 Spargel auf einem Sieb abtropfen lassen. Schinken in Würfel schneiden. Butter oder Margarine zerlassen, Spargel und Schinken darin erhitzen und warm halten.

2 Eier mit Milch und Salz verschlagen. Butter oder Margarine in einer Pfanne (Ø etwa 28 cm) erhitzen, Eiermilch hineingeben (Pfanne mit einem Deckel schließen) und in 5–10 Minuten bei schwacher Hitze stocken lassen.

3 Wenn die untere Seite des Omeletts hell bräunlich gebacken ist (die obere Seite muss weich bleiben), Spargel-Schinken-Masse auf eine Hälfte des Omeletts geben, die andere Hälfte darüber schlagen. Das Omelett auf eine vorgewärmte Platte gleiten lassen und mit Petersilie bestreuen.

Tipp:
Nacheinander in einer kleinen Pfanne zwei Omeletts backen, so muss das fertige Omelett nicht durchgeschnitten werden.
Eine beschichtete Pfanne erleichtert das Lösen des Omeletts.
Dazu Salat reichen.

Eierpfannkuchen (Grundrezept)

Preiswert

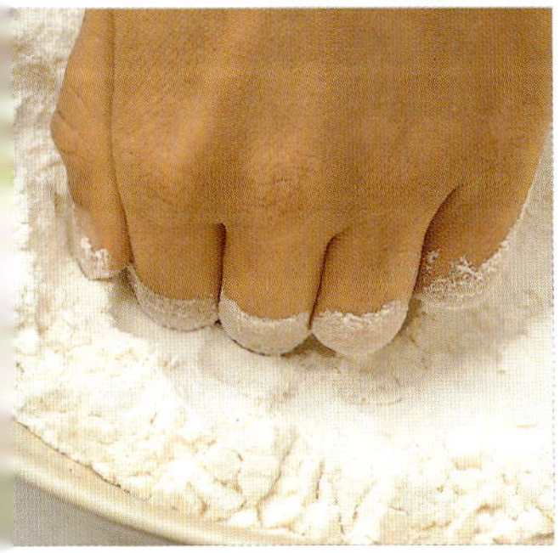

Für 8 große Pfannkuchen:
250 g Weizenmehl
4 Eier (Größe M)
375 ml (3/8 l) Milch
1 Prise Salz
1 EL Zucker (für süße Pfannkuchen)
125 ml (1/8 l) Mineralwasser

60–80 g Butter, Speiseöl oder Butterschmalz

Zubereitungszeit:
20 Minuten, ohne Quellzeit

Pro Portion:
E: 18 g, F: 23 g, Kh: 54 g, kJ: 2175, kcal: 519

1 Mehl in eine Schüssel sieben (Foto 1), in die Mitte eine Vertiefung eindrücken (Foto 2). Eier mit etwas Milch, Salz und nach Belieben Zucker mit einem Schneebesen verrühren, in die Vertiefung geben und von der Mitte aus mit dem Mehl verrühren (Foto 3).

2 Restliche Milch und Mineralwasser unter Rühren langsam hinzugeben. Dabei darauf achten, dass sich keine Klümpchen bilden. Den glatt gerührten Teig 15–30 Minuten stehen lassen.

3 Etwas Fett in einer beschichteten Pfanne erhitzen (Ø etwa 28 cm) und eine dünne Teiglage mit einer drehenden Bewegung gleichmäßig auf dem Boden der Pfanne verteilen (Foto 4). Sobald die Ränder goldgelb sind, den Pfannkuchen vorsichtig mit einem Pfannenwender oder einem Holzspatel wenden und auf der anderen Seite fertig backen.

4 Die restlichen Pfannkuchen auf dieselbe Weise backen. Teig dabei vor jedem Backen umrühren und evtl. nochmals etwas Fett in die Pfanne geben.

Tipp:
Bereits fertig gebackene Pfannkuchen im Backofen bei 80 °C (Ober-/Unterhitze) oder 60 °C (Heißluft) oder Stufe 1 (Gas) warm halten. Dabei wenig Zucker auf die Oberfläche streuen, so kleben die übereinander liegenden Pfannkuchen nicht zusammen.
Besonders gut schmeckt dazu Zuckerrübensirup, Ahornsirup, Erdbeerkonfitüre oder Apfelkraut.
Herzhafte Pfannkuchen statt mit Zucker mit etwas Salz und Pfeffer zubereiten und nach Belieben auf dem Teller mit geraspeltem Käse bestreuen und aufrollen.

Apfelpfannkuchen

Schnell

Für 4 große Pfannkuchen:
125 g Weizenmehl
2 Eier (Größe M)
250 ml (1/4 l) Milch
1 EL Zucker
2 säuerliche Äpfel
(z. B. Boskop)
4 EL Butterschmalz

2 EL Zucker
1 gestr. TL Zimt

Zubereitungszeit:
25 Minuten,
ohne Quellzeit

Pro Portion:
E: 9 g, F: 19 g, Kh: 43 g,
kJ: 1649, kcal: 393

Tipp:
Bereits fertig gebackene Pfannkuchen im Backofen bei 80 °C (Ober-/Unterhitze) oder 60 °C (Heißluft) oder Stufe 1 (Gas) warm halten.
Bereiten Sie dazu eine Karamellsauce zu. Dazu 4 Esslöffel Zucker unter ständigem Rühren in einem Topf so lange erhitzen, bis er gebräunt ist.
125 ml (1/8 l) Sahne unter Rühren hinzugießen, aufkochen lassen, über die Apfelpfannkuchen verteilen und sofort servieren.
Gut schmeckt auch eine Zimtsauce. Dazu 1 Becher (150 g) Crème fraîche mit 1/2 Teelöffel Zimt, 1 Esslöffel Calvados und einem Teelöffel Zucker mit einem Schneebesen cremig rühren und auf die Pfannkuchen geben.

1 Mehl in eine Schüssel sieben, in die Mitte eine Vertiefung eindrücken. Eier mit etwas Milch und Zucker mit einem Schneebesen verrühren, in die Vertiefung geben und von der Mitte aus mit dem Mehl verrühren. Restliche Milch unter Rühren langsam hinzugeben. Dabei darauf achten, dass sich keine Klümpchen bilden. Den glatt gerührten Teig 15–30 Minuten stehen lassen.

2 Inzwischen die Äpfel schälen, vierteln und das Kerngehäuse entfernen. Die Äpfel in dünne Scheiben schneiden. Einen Esslöffel Butterschmalz in einer Pfanne (Ø etwa 28 cm) erhitzen. Ein Viertel der Apfelscheiben flach darin verteilen und in 2–3 Minuten fast weich dünsten, ein Viertel des Teiges darüber gießen und bei mittlerer Hitze stocken lassen, dabei gelegentlich den Pfannkuchen vom Boden lösen.

3 Wenn der Rand goldbraun wird, den Pfannkuchen wenden und fertig backen. Drei weitere Pfannkuchen ebenso zubereiten. Zucker und Zimt mischen und über die Pfannkuchen streuen.

Gemüse – bunt, gesu

Jedes Gericht ist eine gelungene Komposition aus mehreren Zutaten. Gemüse darf dabei nicht fehlen. Aber Gemüse ist nicht nur als Beilage unentbehrlich. Es liefert außerdem wichtige Vitamine, Mineralstoffe und vor allem Ballaststoffe. Deshalb ist es besonders gut, es nur bissfest zu garen, um die Vitamine zu erhalten. So schmeckt das Gemüse auch besonders frisch.

nd und lecker

Ratatouille

Klassisch (Foto S. 94/95)

6–8 Portionen

2 Gemüsezwiebeln
2 Knoblauchzehen
4 Fleischtomaten
5 Champignons
4 Zucchini
3 Auberginen
3 rote Paprikaschoten
3 grüne Paprikaschoten
1 Bund Thymian
150 ml Olivenöl
Salz
frisch gemahlener Pfeffer

Zubereitungszeit:
40 Minuten

Pro Portion:
E: 6 g, F: 22 g, Kh: 13 g,
kJ: 1204, kcal: 288

1 Zwiebeln und Knoblauch abziehen und in feine Streifen schneiden. Tomaten waschen, abtropfen lassen, kreuzweise einschneiden und einige Sekunden in kochendes Wasser legen. Tomaten kurz in kaltes Wasser legen, enthäuten (Foto 1), Stängelansätze entfernen und das Fruchtfleisch grob würfeln.

2 Champignons putzen, mit Küchenpapier abreiben (Foto 2), evtl. abspülen, trockentupfen und in Scheiben schneiden. Von den Zucchini und Auberginen die Enden abschneiden, Zucchini und Auberginen waschen, abtrocknen und in Würfel schneiden.

3 Paprikaschoten halbieren, entstielen, entkernen, die weißen Scheidewände entfernen, Schoten waschen und in Stücke schneiden. Thymian abspülen, trockentupfen und fein hacken (Foto 3).

4 Gemüsesorten voneinander getrennt in heißem Öl anbraten. Alle angebratenen Zutaten in einen Topf geben, mit Salz, Pfeffer und Thymian würzen (Foto 4) und 10–15 Minuten zugedeckt garen.

Tipp:
Ratatouille eignet sich als Beilage zu Lammgerichten oder als eigenständiges Gericht, das warm oder kalt mit warmem Baguette serviert wird.
Das fertig gedünstete Gemüse aus dem Topf nehmen, den Gemüsesud mit einem Teelöffel Tomatenmark verrühren und das Gemüse damit vermengen.

Pilzpfanne
Etwas teurer

2 große Zwiebeln
300 g Austernpilze
300 g Shiitake-Pilze
400 g Champignons
8 EL Speiseöl
125 g magerer Schinkenspeck
etwas Salz
frisch gemahlener Pfeffer
3 Zweige frischer Estragon
gerebelter Oregano

Zubereitungszeit:
45 Minuten

Pro Portion:
E: 13 g, F: 46 g, Kh: 58 g, kJ: 3118, kcal: 744

1 Zwiebeln abziehen und in Ringe schneiden. Pilze putzen (Foto 1), mit Küchenpapier abreiben, evtl. abspülen, trockentupfen und Pilze in grobe Stücke oder Scheiben schneiden.

2 Zwei Esslöffel Öl in einer Pfanne erhitzen, Zwiebelringe darin andünsten, dann herausnehmen und beiseite stellen.

3 Pilze portionsweise in dem Rest des Öls anbraten (Foto 2) und wieder herausnehmen.

4 Schinkenspeck in Streifen schneiden und in dem verbliebenen Fett andünsten (Foto 3).

5 Zwiebeln und Pilze wieder in die Pfanne geben und mit Salz und Pfeffer kräftig würzen.

6 Estragon abspülen, trockentupfen, die Blättchen von den Stängeln zupfen, zusammen mit Oregano in die Pilzpfanne geben (Foto 4), nochmals abschmecken und servieren.

Tipp
Zu kurz gebratenem Fleisch servieren.
Die Pilzpfanne mit etwas Schlagsahne verrühren.
Sie kann auch mit Reisbeilage oder Nudeln als vegetarisches Gericht gereicht werden, dann den Schinkenspeck weglassen.
Shiitake-Pilze sind japanische Speise- und Würzpilze.

Grüne Bohnen, Schnitt- oder Brechbohnen

Klassisch

750 g grüne Bohnen
1 mittelgroße Zwiebel
40 g Butter
oder Margarine
125 ml (1/8 l) Wasser
Salz, Pfeffer
1 EL gehackte Petersilie
oder Bohnenkraut

Zubereitungszeit:
40 Minuten

Pro Portion:
E: 4 g, F: 9 g, Kh: 8 g,
kJ: 552, kcal: 131

1 Für Schnittbohnen eine flache, breite Sorte, am besten Stangenbohnen verwenden. Für Brechbohnen die runden, fleischigen, so genannten Speckbohnen verwenden. Von den Bohnen die Enden abschneiden, Bohnen evtl. abfädeln (Foto 1), waschen, schneiden oder brechen (Foto 2).

2 Zwiebel abziehen und würfeln. Butter oder Margarine zerlassen, Zwiebelwürfel darin hellgelb dünsten, Bohnen dazugeben und andünsten.

3 Wasser, Salz und Pfeffer hinzufügen und die Bohnen zugedeckt 15–20 Minuten (je nach Bohnensorte) gar dünsten lassen (Foto 3). Bohnen mit Salz und Pfeffer abschmecken und mit Petersilie oder Bohnenkraut bestreuen.

Tipp:
Zusätzlich 40 g durchwachsenen Speck fein würfeln und mit den Zwiebeln anbraten.
Die Bohnen können auch ohne Zwiebeln in Butter gedünstet werden.
Verwenden Sie statt Wasser Gemüsebrühe.

Variante:
Tomaten-Bohnen
250 g in Stücke geschnittene Tomaten in den letzten 10 Minuten mitdünsten und nach Belieben mit frischem Basilikum würzen.

Erbsen und Möhren

Für Kinder

500 g Möhren
250 g ausgepalte (aus den Hülsen gelöste) Erbsen (750 g mit Hülsen)
100 g Zuckerschoten
40 g Butter
125 ml (1/8 l) Wasser oder Gemüsebrühe
Salz
etwas Zucker
1/2 Bund Petersilie

Zubereitungszeit:
30 Minuten

Pro Portion:
E: 3 g, F: 8 g, Kh: 11 g, kJ: 574, kcal: 137

1 Möhren putzen (Foto 1), schälen und waschen. In Scheiben oder Stifte schneiden.

2 Erbsen und Zuckerschoten waschen, Butter in einem Topf zerlassen und das Gemüse darin 2–3 Minuten andünsten (Foto 2).

3 Wasser oder Brühe, wenig Salz und Zucker hinzufügen und das Gemüse in 10–15 Minuten zugedeckt garen lassen, dabei gelegentlich umrühren.

4 Das Gemüse mit Salz abschmecken. Petersilie waschen, abtropfen lassen, fein hacken (Foto 3) und das Gemüse mit Petersilie bestreuen.

Tipp:
Erbsen werden ausgepalt (aus den Hülsen gelöst), indem man sie am unteren Ende, gegenüber der Naht aufdrückt und die Erbsen mit dem Daumen nach unten hin ablöst.
Schneller geht es, wenn Sie Erbsen aus der Dose oder TK-Erbsen verwenden. Die Erbsen aus der Dose dann erst zum Ende der Garzeit hinzugeben und mit erhitzen.
Die Zuckerschoten können auch weggelassen werden.
Verfeinern Sie das Gemüse zum Schluss mit einem Esslöffel Crème fraîche.
Sie können das Gemüse nach Belieben auch klassisch binden. Dazu 1 gestrichenen Esslöffel Weizenmehl mit 2 Esslöffeln Wasser verrühren, in das gegarte Gemüse rühren und unter Rühren aufkochen lassen.
Passt gut zu Frikadellen (siehe Seite 70).

Blattspinat
Schnell

1 1/2 kg Blattspinat
2 mittelgroße Zwiebeln
1–2 Knoblauchzehen
75 g Butter
Salz
frisch gemahlener Pfeffer
geriebene Muskatnuss

Zubereitungszeit:
25 Minuten

Pro Portion:
E: 11 g, F: 16 g, Kh: 6 g,
kJ: 937, kcal: 223

1 Spinat verlesen (Foto 1), Wurzelenden und dicke Stängel entfernen, Spinat waschen und auf ein Sieb geben.

2 Zwiebeln und Knoblauch abziehen und fein würfeln. Butter in einem weiten Topf zerlassen, die Zwiebelwürfel andünsten (Foto 2).

3 Den Spinat tropfnass hinzufügen, mit Salz, Pfeffer und Muskat würzen und mit geschlossenem Deckel bei schwacher Hitze 5–10 Minuten garen lassen, bis der Spinat zusammengefallen ist.

4 Vorsichtig umrühren (Foto 3), mit Salz, Pfeffer und Muskat abschmecken.

Sauerkraut
Klassisch

2 Zwiebeln
60 g Schweineschmalz
750 g Sauerkraut
1 Lorbeerblatt
einige Wacholderbeeren
250 ml (1/4 l) Wasser
1 rohe Kartoffel
Salz, Pfeffer
etwas Zucker

Zubereitungszeit:
60 Minuten

Pro Portion:
E: 4 g, F: 16 g, Kh: 9 g,
kJ: 881, kcal: 210

1 Zwiebeln abziehen und würfeln. Schmalz zerlassen, Zwiebeln darin andünsten.

2 Sauerkraut zerpflücken, hinzufügen und andünsten. Lorbeerblatt, Wacholderbeeren und Wasser hinzufügen und zugedeckt in 30–40 Minuten garen.

3 Kartoffel waschen, schälen, abspülen und auf einer Küchenreibe fein reiben.
10 Minuten vor Ende der Garzeit dazugeben und mitgaren lassen. Sauerkraut mit Pfeffer, Salz und Zucker abschmecken.

Tipp:
Durch die Kartoffel wird das Sauerkraut sämiger, sie bindet die Flüssigkeit.
Ersetzen Sie die Hälfte des Wassers durch Weißwein.

Rosenkohl
Klassisch

1 kg Rosenkohl
$^1/_2$ TL Salz
$1\,^1/_2$ l Wasser
50 g Butter
etwas Salz
geriebene Muskatnuss

Zubereitungszeit:
40 Minuten

Pro Portion:
E: 7 g, F: 11 g, Kh: 6 g,
kJ: 649, kcal: 156

1 Vom Rosenkohl die beschädigten und fleckigen äußeren Blättchen entfernen (Foto 1). Etwas vom Strunk abschneiden. Rosenkohlröschen am Strunk kreuzförmig einschneiden (Foto 2), in kochendes Salzwasser geben, in etwa 15 Minuten zugedeckt gar kochen und zum Abtropfen auf ein Sieb geben.

2 Butter zerlassen und den Rosenkohl darin schwenken (Foto 3). Mit Salz und Muskat würzen und servieren.

Tipp:
Passt gut zu Wild und Gans (siehe Seite 66).

Blumenkohl, klassisch
Schnell zubereitet

2 kleine Köpfe Blumenkohl (je etwa 500 g)
2–3 l Wasser
1 TL Salz
50 g Butter
4 EL Semmelbrösel

Zubereitungszeit:
30 Minuten

Pro Portion:
E: 5 g, F: 11 g, Kh: 10 g,
kJ: 696, kcal: 166

1 Blätter und Strunk vom Blumenkohl abschneiden und die schlechten Stellen entfernen (Foto 1). Blumenkohl in Röschen teilen, waschen und abtropfen lassen.

2 In einem weiten Topf Wasser zum Kochen bringen, Salz und Blumenkohlröschen hineingeben und zugedeckt in 10–15 Minuten gar kochen lassen.

3 Blumenkohlröschen mit einem Schaumlöffel aus der Flüssigkeit nehmen (Foto 2), in eine vorgewärmte Schüssel geben und warm stellen.

4 Butter zerlassen, Semmelbrösel unter Rühren darin leicht bräunen lassen (Foto 3), über den Blumenkohl geben und sofort servieren.

Tipp:
Sie können den Blumenkohl auch ganz lassen und ihn so kochen. Die Garzeit erhöht sich dann auf insgesamt 20–25 Minuten.
Dazu passt auch sehr gut eine Béchamelsauce (siehe Seite 26) oder Sauce Hollandaise (siehe Seite 27).

Variante 1:
Broccoli
750 g Broccoli putzen, in Röschen teilen, Strunk schälen und Röschen und Strunk waschen. Den Strunk in 1 cm breite Streifen schneiden. 1 Liter Salzwasser in einem weiten Topf zum Kochen bringen, Röschen und Strunkstücke hineingeben und zugedeckt bei schwacher Hitze etwa 10 Minuten bissfest garen lassen. Broccoli abgießen und nach Belieben in 20 g Butter schwenken oder mit Béchamelsauce (siehe Seite 26) servieren.

Variante 2:
Blumenkohl- oder Broccolicremesuppe
500 g Blumenkohl oder Broccoli in 1 l Gemüsebrühe nicht bissfest, sondern weich garen. Das Gemüse mit Brühe im Topf mit einem Pürierstab fein pürieren. 100–150 ml Sahne dazugießen und verrühren. Suppe unter Rühren kurz erhitzen, mit Salz, Pfeffer und Muskat abschmecken und servieren.

Grünkohl
Gut vorzubereiten

1,5 kg Grünkohl
1 EL Butter oder Schweineschmalz
2 Zwiebeln
2 TL mittelscharfer Senf
etwas Salz
frisch gemahlener Pfeffer
375 ml ($^{3}/_{8}$ l) Fleischbrühe

Zubereitungszeit:
80 Minuten

Pro Portion:
E: 49 g, F: 17 g, Kh: 22 g, kJ: 1896, kcal: 447

1 Vom Grünkohl welke und fleckige Blätter und Rippen entfernen (Foto 1). Grünkohl gründlich waschen, in kochendes Salzwasser geben, zum Kochen bringen, 1–2 Minuten kochen, abtropfen lassen, etwas abkühlen lassen und grob hacken (Foto 2).

2 Butter in einem weiten Topf zerlassen, Zwiebeln abziehen, würfeln und darin glasig dünsten (Foto 3).

3 Grünkohl hinzufügen und unter Rühren darin andünsten, mit Senf, Salz und Pfeffer würzen (Foto 4). Brühe hinzugießen, den Kohl etwa 1 Stunde zugedeckt dünsten lassen, dabei gelegentlich umrühren und evtl. noch etwas Fleischbrühe hinzugießen.

4 Grünkohl mit Salz und Pfeffer abschmecken.

Tipp:
Zu Rauchenden, gebratenem Leberkäse, Bratwurst oder Kasseler und Röstkartoffeln reichen.
Zusätzlich noch 100 g durchwachsenen Speck fein würfeln und mit den Zwiebeln anbraten.
Der Senf kann auch weggelassen werden.

Kohlrabi mit Estragon

Schnell

800 g Kohlrabi
Salz
2 Schalotten
40 g Butter
frisch gemahlener Pfeffer
1 EL gehackter Estragon

Zubereitungszeit:
25 Minuten

Pro Portion:
E: 3 g, F: 8 g, Kh: 7 g,
kJ: 488, kcal: 117

1 Kohlrabi schälen, waschen, in feine Stifte schneiden (Foto 1) und in wenig leicht gesalzenem Wasser etwa 8 Minuten zugedeckt dünsten lassen, anschließend auf einem Sieb abtropfen lassen.

2 Schalotten abziehen und fein würfeln (Foto 2). Butter in einer Pfanne erhitzen und Schalottenwürfel darin andünsten.

3 Kohlrabistifte dazugeben, etwa 2 Minuten darin schwenken (Foto 3) und mit Salz, Pfeffer und Estragon würzen.

Variante:

Kohlrabi, klassisch

Kohlrabi wie angegeben schneiden, etwa 10 Minuten in wenig Salzwasser dünsten. Dann auf einem Sieb abtropfen lassen, in 40 g zerlassener Butter schwenken und mit Salz, Pfeffer und evtl. Muskat abschmecken.

Chinakohl mit Porree

Preiswert

50 g durchwachsener Speck
1 EL Speiseöl
1 große Stange Porree (Lauch)
750 g Chinakohl
3–4 EL Wasser oder Weißwein
Salz
frisch gemahlener Pfeffer
etwas Zucker
2 EL Butter
4 EL Semmelbrösel
1/2 TL Senf
1/2 TL abgeriebene Zitronenschale (unbehandelt)

Zubereitungszeit:
40 Minuten

Pro Portion:
E: 13 g, F: 20 g, Kh: 12 g, kJ: 1227, kcal: 294

Tipp:
Dazu schmeckt Kartoffelbrei.

1 Speck in Würfel schneiden und in Öl knusprig ausbraten lassen. Speck herausnehmen und beiseite stellen.

2 Porree putzen, Wurzelende abschneiden, Porree zerteilen und unter fließendem kalten Wasser waschen, abtropfen lassen, in sehr dünne Scheiben schneiden (Foto 1) und im Speckfett dünsten lassen.

3 Chinakohl putzen, vierteln, den Strunk herausschneiden (Foto 2), waschen, abtropfen lassen und den Kohl in dünne Streifen schneiden (Foto 3). Streifen zum Porree geben und etwa 5 Minuten mitdünsten lassen.

4 Wasser oder Weißwein hinzugeben. Das Gemüse mit Salz, Pfeffer und Zucker würzen, noch einige Minuten dünsten lassen und dann auf einer vorgewärmten Platte anrichten.

5 Die Butter in einer Pfanne zerlassen, Semmelbrösel hineingeben, unter Rühren bräunen lassen, mit Speck, Senf und Zitronenschale verrühren und auf dem Chinakohl-Porree-Gemüse verteilen.

Variante:

Chinakohl-Gratin (Foto 4)

Dazu einen Chinakohl (etwa 1 kg) putzen, vierteln, den Strunk herausschneiden (Foto 2), Chinakohl waschen und abtropfen lassen. 1 l Gemüsebrühe in einem weiten Topf zum Kochen bringen und den Kohl darin etwa 10 Minuten lang fast gar dünsten. Die Kohlviertel in eine Auflaufform legen und mit 2–3 Esslöffeln Butter beträufeln. Eine kleine Zwiebel abziehen, fein würfeln und mit 150 g saurer Sahne, 1 Esslöffel gehackter Petersilie und etwas Salz und Pfeffer verrühren. Sauce über den Kohl geben, mit 50 g geriebenem Gouda bestreuen und etwa 15 Minuten bei 200 °C (Ober-/Unterhitze) oder 180 °C (Heißluft) oder Stufe 3–4 (Gas) überbacken.

Spargel

Etwas teurer

1 kg weißer Spargel
500 g grüner Spargel
500 ml (1/2 l) Wasser
1/2 TL Salz
etwas Zucker
1 EL Butter

Zubereitungszeit:
75 Minuten

Pro Portion:
E: 6 g, F: 5 g, Kh: 6 g,
kJ: 374, kcal: 89

Tipp:
Sie können natürlich auch nur weißen oder grünen Spargel verwenden.
Der Spargel ist gar, wenn er biegsam ist.
Dazu passt Sauce béarnaise oder Sauce Hollandaise (siehe Seite 27).
Servieren Sie dazu fein geschnittenen Parmaschinken oder Schnitzel (siehe Seite 76) mit Salzkartoffeln.

1 Spargel von oben nach unten schälen und dabei darauf achten, dass beim weißen Spargel die Schalen vollständig entfernt, die Köpfe aber nicht verletzt werden (Foto 1). Beim grünen Spargel nur den unteren Teil der Stange schälen (Foto 2). Die unteren Enden gerade und alle Stangen möglichst gleich lang schneiden (holzige Stellen vollkommen wegschneiden) und den Spargel waschen.

2 Wasser mit Salz, Zucker und Butter in einem weiten Topf zum Kochen bringen, den weißen Spargel hineingeben und zum Kochen bringen. Nach 5 Minuten Garzeit den grünen Spargel hinzufügen (Foto 3) und noch etwa 10 Minuten bei mittlerer Hitze gar kochen lassen. Den garen Spargel mit einem Schaumlöffel vorsichtig aus dem Kochwasser herausnehmen und auf eine vorgewärmte Platte legen.

Variante:

Spargelcremesuppe

Das Spargelwasser aus dem Rezept verwenden und mit Milch auf 500 ml (1/2 l) auffüllen. 20 g Butter oder Margarine in einem Topf zerlassen und einen gehäuften Esslöffel Weizenmehl unter Rühren darin erhitzen, bis es goldgelb ist. Die Flüssigkeit nach und nach unter Rühren hineingeben, dabei darauf achten, dass keine Klümpchen entstehen. Die Suppe zum Kochen bringen, etwa 5 Minuten kochen lassen und mit Salz, Zucker und Muskat abschmecken. Den Topf von der Kochstelle nehmen. Ein Eigelb mit 2 Esslöffeln Sahne verrühren und unter die Suppe rühren (legieren, sämig machen), aber nicht mehr kochen lassen. Nach Belieben noch einige Spargelspitzen oder klein geschnittene Schinkenscheiben hineingeben, die Suppe in Teller füllen und mit frisch gehackter Petersilie bestreut servieren.

Kohlrouladen
Klassisch

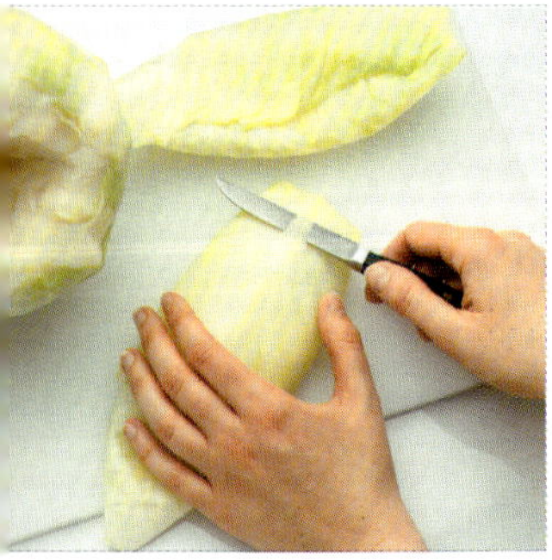

1 Weißkohl

Für die Füllung:
1 Brötchen (vom Vortag)
1 mittelgroße Zwiebel
1 Ei (Größe M)
1 TL Senf
375 g Hackfleisch (halb Rind-, halb Schweinefleisch)
etwas Salz
frisch gemahlener Pfeffer
50 g Butterschmalz oder 4 EL Speiseöl
250 ml (1/4 l) Gemüsebrühe
etwas Saucenbinder

Zubereitungszeit:
75 Minuten

Pro Portion:
E: 26 g, F: 41 g, Kh: 22 g, kJ: 2490, kcal: 595

Tipp:
Die Kohlrouladen gut anbraten, so wird die Sauce besonders schmackhaft.

1 Den Strunk aus dem Kohl herausschneiden, Kohl 1–2 Minuten in kochendes Salzwasser legen, bis sich die äußeren Blätter lösen lassen. 1–2 Blätter ablösen und den Vorgang wiederholen, bis etwa 12 große Blätter gelöst sind. Dicke Blattrippen flach schneiden (Foto 1).

2 Für die Füllung Brötchen in kaltem Wasser einweichen und gut ausdrücken. Zwiebel abziehen, würfeln. Beide Zutaten mit Ei, Senf und Hackfleisch vermengen, mit Salz und Pfeffer würzen. Je 2–3 Kohlblätter übereinander legen, Füllung darauf verteilen, Blätter aufrollen, Rouladen mit einem Faden oder mit Rouladennadeln zusammenhalten (Foto 2).

3 Butterschmalz oder Speiseöl erhitzen, die Rouladen von allen Seiten gut darin anbraten (Foto 3), Brühe hinzugießen, Rouladen zugedeckt etwa 45 Minuten schmoren lassen und ab und zu wenden.

4 Wenn die Rouladen gar sind, sie aus der Brühe nehmen und die Fäden (Rouladennadeln) entfernen und warm stellen. Flüssigkeit mit Saucenbinder binden und unter Rühren aufkochen. Die Sauce mit etwas Salz abschmecken.

Gefüllte Paprikaschoten
Beliebt

4 große Paprikaschoten (etwa 1 kg)

Für die Füllung:
50 g Langkornreis (parboiled)
250 ml ($^1/_4$ l) Wasser
etwas Salz
1 kleine Zwiebel
1 Ei (Größe M)
375 g Hackfleisch (halb Rind-, halb Schweinefleisch)
etwas Salz
frisch gemahlener Pfeffer

Für die Sauce:
1 kleine Zwiebel
4 EL Olivenöl
200 g Tomaten
375 ml ($^3/_8$ l) Gemüsebrühe
2 EL Schlagsahne
1 Prise Salz
Zucker
Zitronensaft

Zubereitungszeit:
etwa 70 Minuten

Pro Portion:
E: 19 g, F: 36 g, Kh: 17 g
kJ: 2040, kcal: 487

Tipp:
Die Sauce nach Belieben mit etwas mit kaltem Wasser angerührtem Weizenmehl binden.
Dazu Salzkartoffeln reichen.

1 Von den Paprikaschoten einen Deckel abschneiden, Schoten entkernen, weiße Scheidewände entfernen (Foto 1), die Schoten waschen und abtrocknen.

2 Für die Füllung Reis in kochendes Salzwasser geben, wieder zum Kochen bringen und etwa 15 Minuten zugedeckt bei schwacher Hitze ausquellen lassen (er muss noch körnig sein), den Reis zum Abtropfen auf ein Sieb geben und mit kaltem Wasser übergießen.

3 Zwiebel abziehen und fein würfeln. Reis mit Zwiebelwürfeln, Ei und Hackfleisch vermengen, mit Salz und Pfeffer abschmecken, die Füllung in die Schoten geben (Foto 2) und die Deckel wieder darauf legen.

4 Für die Sauce die Zwiebel abziehen und würfeln. Olivenöl in einem weiten Topf erhitzen, die Zwiebelwürfel darin andünsten und die Paprikaschoten nebeneinander hineinstellen (Foto 3).

5 Tomaten waschen, Stängelansätze entfernen, die Tomaten in Stücke schneiden und dazugeben. Gemüsebrühe hinzugießen und das Gemüse zugedeckt in etwa 45 Minuten gar dünsten lassen.

6 Die Paprikaschoten auf einer vorgewärmten Platte anrichten und warm stellen. Die Tomatensauce durch ein Sieb streichen, 375 ml ($^3/_8$ l) davon abmessen und zum Kochen bringen. Sahne hinzufügen und die Sauce mit Salz, Zucker und Zitronensaft abschmecken.

Kartoffeln, N
mehr als

Kartoffeln, Nudeln und Reis sind die wichtigsten Grundnahrungsmittel. Die gute alte „Knolle“ ist nach wie vor begehrt, doch auch die formenreichen Nudeln und der Reis in verschiedenen Variationen stehen dem in nichts nach. So sind alle drei nicht nur als Beilagen, sondern auch als Hauptgericht mit leckeren Saucen und Gemüse sehr zu empfehlen.

ıdeln und Reis –
ur Beilagen

Salzkartoffeln
Einfach

750 g Kartoffeln
1/2 TL Salz

Zubereitungszeit:
30 Minuten

Pro Portion:
E: 4 g, F: 0 g, Kh: 28 g,
kJ: 544, kcal: 129

Tipp:
Passt gut zu den meisten Fleisch- oder Gemüsegerichten mit Sauce.

1 Kartoffeln waschen, mit einem Sparschäler dünn schälen (Foto 1), Augen entfernen und Kartoffeln abspülen, größere Kartoffeln ein- oder zweimal durchschneiden (Foto 2).

2 Kartoffeln in einem Topf geben, soviel Wasser hinzugeben, dass sie bedeckt sind, Salz darüber streuen und zugedeckt zum Kochen bringen. Kartoffeln in 15–20 Minuten gar kochen lassen (Garprobe) und abgießen. Kartoffeln im offenen Topf unter leichtem Schütteln abdämpfen lassen oder zum Abdämpfen ein Küchentuch zwischen Topf und Deckel legen (Foto 3).

Pellkartoffeln
Klassisch

etwa 750 g Kartoffeln (fest kochend oder vorwiegend fest kochend)
1/2 TL Salz
1 TL Kümmelsamen

Zubereitungszeit:
35 Minuten

Pro Portion:
E: 4 g, F: 0 g, Kh: 28 g,
kJ: 555, kcal: 132

Tipp:
Noch heiß zu Kräuterquark oder Matjesfilet nach Hausfrauenart essen oder warm pellen, erkalten lassen und Bratkartoffeln oder Kartoffelsalat zubereiten.

1 Kartoffeln bürsten, waschen und in einen Topf geben.

2 So viel Wasser hinzufügen, dass die Kartoffeln bedeckt sind, Salz und nach Belieben Kümmel dazugeben.

3 Kartoffeln in 20–30 Minuten, je nach Größe der Kartoffeln, zugedeckt gar kochen, abgießen und im offenen Topf unter leichtem Schütteln abdämpfen lassen oder zum Abdämpfen ein Küchentuch zwischen Topf und Deckel legen (Foto 3).

4 Kartoffeln je nach Art der Verwendung heiß oder noch warm mit einem Messer pellen (Foto 4).

Kartoffelbrei
Für Kinder

1 kg mehlig kochende Kartoffeln
$^{1}/_{2}$ TL Salz
250 ml ($^{1}/_{4}$ l) Milch
50 g Butter
Salz
geriebene Muskatnuss

Zubereitungszeit:
30 Minuten

Pro Portion:
E: 7 g, F: 18 g, Kh: 41 g,
kJ: 1498, kcal: 357

Tipp:
Vor dem Servieren 4 Esslöffel geriebenen Käse unter den Kartoffelbrei rühren.
Oder je 100 g Speck- und Zwiebelwürfel anbraten und untermengen.
Kartoffelbrei darf nicht püriert werden, da er sonst die Milch nicht mehr aufnehmen kann.

1 Kartoffeln waschen, schälen (Foto 1), abspülen und in Stücke schneiden (Foto 2). Kartoffelstücke in Salzwasser geben, zum Kochen bringen und zugedeckt in etwa 15 Minuten gar kochen lassen.

2 Wasser abgießen und die Kartoffelstücke sofort durch die Kartoffelpresse geben (Foto 3) oder im Topf mit einem Kartoffelstampfer zerdrücken.

3 Milch erhitzen und nach und nach unter die Kartoffelmasse rühren (Foto 4, je nach Beschaffenheit der Kartoffeln kann die Milchmenge variieren). Den Topf auf die Kochstelle setzen und den Brei so lange rühren, bis eine einheitliche Masse entstanden ist. Den Topf von der Kochstelle nehmen, Butter auflösen, unterrühren und den Kartoffelbrei mit Salz und Muskat abschmecken.

Bratkartoffeln
Schnell

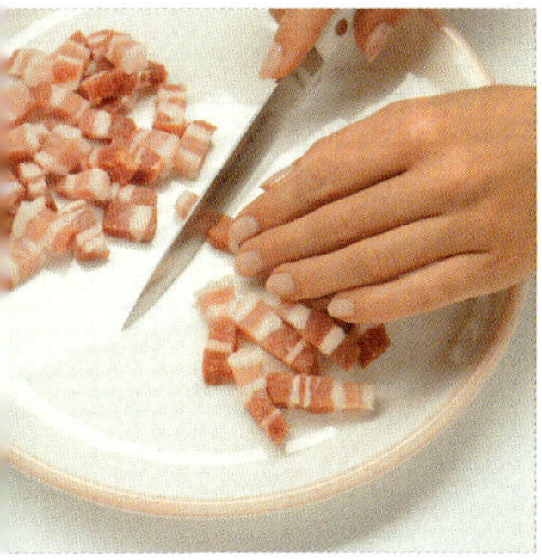

1 kg fest kochende Kartoffeln
1/2 TL Salz
50 g durchwachsener Speck
1 Zwiebel
75 g Butterschmalz
Salz
frisch gemahlener Pfeffer

Zubereitungszeit:
40 Minuten

Pro Portion:
E: 6 g, F: 27 g, Kh: 39 g,
kJ: 1813, kcal: 432

1 Kartoffeln waschen, in einen Topf geben und so viel Wasser hinzugießen, dass die Kartoffeln gerade bedeckt sind. Salz darüber streuen, zugedeckt zum Kochen bringen und in 20–25 Minuten gar kochen lassen (Garprobe machen).

2 Wasser abgießen und die Kartoffeln abdämpfen, dazu den Topf ohne Deckel leicht schütteln oder ein Geschirrtuch zwischen Topf und Deckel legen (Foto 1). Die Kartoffeln noch warm pellen, erkalten lassen und in Scheiben schneiden.

3 Speck in Würfel schneiden (Foto 2). Zwiebel abziehen und ebenfalls würfeln. Butterschmalz in einer Pfanne zerlassen und Speck- und Zwiebelwürfel darin andünsten (Foto 3). Kartoffelscheiben dazugeben, mit Salz und Pfeffer bestreuen und in etwa 10 Minuten unter gelegentlichem Wenden braun braten (Foto 4).

Tipp:
Anstelle von Butterschmalz kann auch Pflanzenöl verwendet werden.
Durch etwas Paprikapulver erhalten die Bratkartoffeln eine appetitlich goldene Farbe.
Zum Wenden der Kartoffelscheiben am besten die Pfanne schwenken, denn durch zu häufiges Wenden mit einem Pfannenwender zerbröckeln die Kartoffelscheiben.

Kartoffelpuffer (Reibekuchen)

Für Kinder

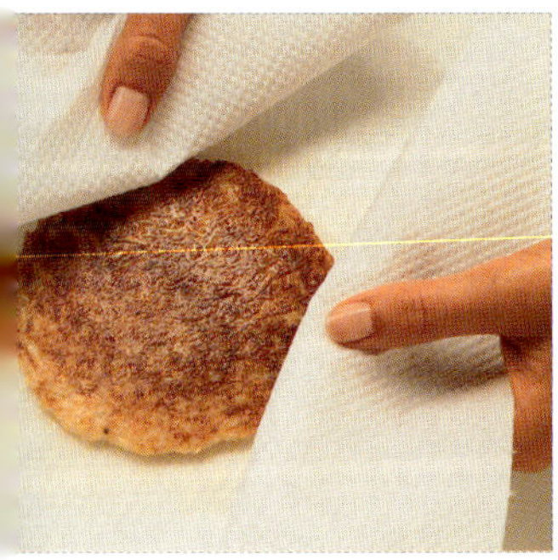

1 kg Kartoffeln
1 Zwiebel
3 Eier (Größe M)
1 gestr. TL Salz
40 g Weizenmehl

100 ml Speiseöl

Zubereitungszeit:
45 Minuten

Pro Portion:
E: 12 g, F: 30 g, Kh: 46 g,
kJ: 2186, kcal: 521

Tipp:
Statt Speiseöl kann Butterschmalz verwendet werden.
Nach Belieben klein gehackten Schinken, Käse oder Kräuter unter den Kartoffelteig geben.
Knuspriger werden die Puffer, wenn die Hälfte des Mehls durch Haferflocken ersetzt wird.

1 Kartoffeln waschen, schälen und abspülen. Zwiebel abziehen. Kartoffeln (Foto 1) und Zwiebel fein reiben.

2 Eier, Salz und Mehl hinzufügen und alles in einer Schüssel verrühren (Foto 2).

3 In einer beschichteten Pfanne etwas von dem Öl erhitzen, mit einer Saucenkelle oder einem Esslöffel Teig hineingeben (Foto 3) und sofort flach drücken.

4 Bei mittlerer Hitze von beiden Seiten so lange braten, bis der Rand knusprig braun ist. Puffer aus der Pfanne nehmen und evtl. überschüssiges Fett mit Küchenpapier abtupfen (Foto 4). Die restlichen Puffer auf die gleiche Weise backen.

Beilage:
Apfelmus, Kräuterquark oder Lachs mit Preiselbeersahne und Blattsalat.

Folienkartoffeln
Für Gäste

8 große Kartoffeln
etwas Meersalz
frisch gemahlener Pfeffer
nach Belieben Kümmel

1–2 Becher (je 125 g)
Crème fraîche
mit Kräutern
oder Kräuterquark

Zubereitungszeit:
50 Minuten

Pro Portion:
E: 4 g, F: 15 g, Kh: 25 g,
kJ: 1065, kcal: 254

Tipp:
Passt gut zu Grilfleisch (siehe Seite 78).

1 Kartoffeln waschen und etwa 1 cm tief einschneiden (Foto 1).

2 Nach Belieben Salz und Gewürze aufstreuen, die Kartoffeln einzeln in Alufolie verpacken (Foto 2) und auf den Rost in den Backofen legen.

Ober-/Unterhitze:
200–220 °C (vorgeheizt)
Heißluft: 180–200 °C (vorgeheizt)
Gas: etwa Stufe 4 (vorgeheizt)
Backzeit: 35–45 Minuten,
je nach Größe der Kartoffeln.

3 Vor dem Servieren die Alufolie öffnen (Foto 3) und je 1 Esslöffel Crème fraîche mit Kräutern oder Kräuterquark auf den Einschnitt geben (Foto 4).

Kartoffelgratin
Einfach

1 Knoblauchzehe
1 EL Butter

800 g Kartoffeln
Salz
frisch gemahlener Pfeffer
geriebene Muskatnuss
125 ml (1/8 l) Milch
125 ml (1/8 l) Schlagsahne
2 EL geriebener Parmesankäse

Zubereitungszeit:
65 Minuten

Pro Portion:
E: 8 g, F: 15 g, Kh: 33 g,
kJ: 1270, kcal: 302

Tipp:
Besonders fein werden die Kartoffelscheiben, wenn sie mit einem Gurkenhobel geschnitten werden.
Passt sehr gut zu Fleisch-, Fisch- oder Gemüsegerichten ohne Sauce.

1 Knoblauchzehe abziehen und durchschneiden, eine flache, feuerfeste Form mit Butter ausstreichen und mit der Knoblauchzehe einreiben.

2 Kartoffeln waschen, schälen, abspülen, trockentupfen und in dünne Scheiben schneiden. Scheiben dachziegelartig schräg in die vorbereitete Form einschichten (Foto 1) und mit Salz, Pfeffer und Muskat bestreuen (Foto 2).

3 Milch und Sahne verrühren und über die Kartoffelscheiben gießen (Foto 3). Mit Parmesankäse bestreuen, die Form auf dem Rost in die mittlere Einschubleiste des Backofens schieben und das Gratin goldbraun backen.

Ober-/Unterhitze:
180–200 °C (vorgeheizt)
Heißluft: 160–180 °C
(nicht vorgeheizt)
Gas: etwa Stufe 3 (nicht vorgeheizt)
Backzeit: etwa 45 Minuten.

Variante
Kartoffel-Gemüse-Gratin
Dazu 400 g Kartoffeln wie beschrieben vorbereiten. 400 g vorbereitete Sellerieknolle, Möhren oder Zucchini in Scheiben schneiden und im Wechsel mit den Kartoffelscheiben in die Form schichten, mit der Sauce übergießen und wie angegeben backen.

Spaghetti carbonara
Klassisch

100 g Parmesankäse
2 Becher (je 150 g) Crème fraîche
1 EL gehacktes Basilikum
Salz
etwas Tabasco

3 l Wasser
1 TL Salz
500 g Spaghetti

1 EL Olivenöl
75 g geräucherter, durchwachsener Speck

Zubereitungszeit:
30 Minuten

Pro Portion:
E: 29 g, F: 48 g, Kh: 88 g, kJ: 3920, kcal: 936

1 Parmesankäse reiben (Foto 1). Parmesankäse mit Crème fraîche und Basilikum verrühren und mit Salz und Tabasco abschmecken.

2 Wasser in einem weiten Topf zum Kochen bringen, Salz hinzugeben und Spaghetti in das sprudelnde Wasser geben. Spaghetti etwa 12 Minuten bissfest kochen (Packungsanleitung beachten), zwischendurch umrühren und probieren (Foto 2), auf ein Sieb geben, kurz mit kaltem Wasser übergießen (abschrecken) und abtropfen lassen.

3 Olivenöl in einer großen Pfanne erhitzen, Speck in feine Würfel schneiden und Speckwürfel darin auslassen (anbraten), Spaghetti unter Wenden darin wieder erwärmen und Sauce hinzugeben. Das Ganze vermischen (Foto 3) und servieren.

Tipp:
Statt Crème fraîche kann auch Sahne verwendet werden. Die Sauce wird dann etwas dünner.
Sie können auch 1 Becher Crème fraîche durch 100 ml Weißwein ersetzen.
Wenn es schneller gehen soll, kann auch fertig geriebener Parmesankäse verwendet werden.

Bandnudeln mit Blauschimmelkäse

Raffiniert

je 200 g gelbe und grüne Bandnudeln
2 l Wasser
1/2 TL Salz

Für die Sauce:
200 g Blauschimmelkäse, z. B. Gorgonzola
200 ml Gemüsebrühe
100 ml Schlagsahne
1 EL Weizenmehl
4 EL trockener Weißwein
etwas Salz
1 Prise Zucker
frisch gemahlener, weißer Pfeffer
4 EL gehackte Walnusskerne

Zubereitungszeit:
30 Minuten

Pro Portion:
E: 27 g, F: 27 g, Kh: 72 g, kJ: 2872, kcal: 686

1 Nudeln nach Packungsaufschrift in Salzwasser al dente (bissfest) kochen (Foto 1), auf ein Sieb geben, kurz mit kaltem Wasser übergießen (abschrecken) und gut abtropfen lassen.

2 Käse grob zerbröseln und in einem Topf in der heißen Gemüsebrühe unter ständigem Rühren schmelzen lassen (Foto 2). Sahne unterrühren.

3 Mehl und Wein mit einem Schneebesen in einem kleinen Gefäß verrühren, in die heiße Flüssigkeit rühren, aufkochen lassen und die Sauce unter Rühren etwa 2 Minuten köcheln lassen. Nach Belieben noch etwas Wein hinzugeben (Foto 3).

4 Sauce mit Salz, Zucker und Pfeffer abschmecken und mit den Bandnudeln servieren. Walnusskerne über die angerichteten Bandnudeln streuen.

Tipp:
Variieren Sie die Sauce, indem Sie zum Schluss einige geschälte Krabben oder feine Broccoliröschen 2–3 Minuten mitköcheln lassen.

Spaghetti Bolognese
Für Kinder

Für die Sauce:
2 Zwiebeln
1–2 Knoblauchzehen
2 EL Olivenöl
250 g Hackfleisch (halb Rind-, halb Schweinefleisch)
etwas Salz
frisch gemahlener Pfeffer
Paprika edelsüß
1 Dose geschälte Tomaten (Einwaage 800 g)
70 g Tomatenmark
125 ml (1/8 l) Wasser
1 TL gehackte Thymianblättchen
1 TL gehackte Basilikumblättchen

Für die Spaghetti:
3 l Wasser
1 TL Salz
500 g Spaghetti
1 EL Speiseöl

geriebener Parmesankäse

Zubereitungszeit:
30 Minuten

Pro Portion:
E: 27 g, F: 27 g, Kh: 72 g, kJ: 2916, kcal: 696

1 Für die Sauce Zwiebeln und Knoblauchzehen abziehen und würfeln. Olivenöl in einem Topf erhitzen, Zwiebel- und Knoblauchwürfel darin andünsten (Foto 1).

2 Hackfleisch hinzufügen und unter ständigem Rühren etwa 5 Minuten anbraten. Dabei die Fleischklümpchen mit einer Gabel zerdrücken (Foto 2) und mit Salz, Pfeffer und Paprika würzen.

3 Tomaten grob zerschneiden und mit dem Saft hinzufügen. Tomatenmark und Wasser hinzufügen, gut verrühren und zum Kochen bringen.

4 Die Sauce zugedeckt bei schwacher Hitze etwa 10 Minuten kochen lassen, dabei gelegentlich umrühren. Thymian- und Basilikumblättchen unterrühren.

5 Für die Spaghetti in der Zwischenzeit Wasser in einem weiten Topf zum Kochen bringen, Salz, Spaghetti und Speiseöl hinzufügen (Foto 3). Nudeln nach Packungsaufschrift bissfest garen, dabei gelegentlich umrühren, auf ein Sieb geben und abtropfen lassen.

6 Nudeln mit Sauce servieren (Foto 4) und nach Belieben mit Parmesan bestreuen.

Tipp:
Tomaten aus der Dose lassen sich besonders einfach und sauber zerkleinern, wenn Sie den Saft abgießen und die Tomaten mit dem Messer in der Dose zerschneiden.
Ersetzen Sie das Wasser in der Sauce durch Rotwein, wenn keine Kinder mitessen.
Durch das Öl im Kochwasser verkleben die Spaghetti nicht, Sie können die Spaghetti aber auch nach dem Kochen abschrecken (mit kaltem Wasser übergießen).

Makkaroni in Thunfischsauce

Für Gäste

2 Zwiebeln
4 Knoblauchzehen
3 EL Speiseöl
350 g Zucchini
1 gelbe Paprikaschote
1 Chilischote
1 Becher (150 g) Crème fraîche
2 Dosen Thunfisch naturell (je 185 g)
Salz
frisch gemahlener Pfeffer
gerebelter Oregano
gerebelter Thymian

400 g Makkaroni
2 l Wasser
1/2 TL Salz

Zubereitungszeit:
30 Minuten

Pro Portion:
E: 34 g, F: 25 g, Kh: 69 g, kJ: 2765, kcal: 660

1 Zwiebeln und Knoblauch abziehen und fein würfeln. Öl in einem Topf erhitzen und Zwiebel- und Knoblauchwürfel darin andünsten. Zucchini putzen, Enden abschneiden, Zucchini waschen, in Würfel schneiden (Foto 1), in den Topf geben und anbraten.

2 Paprika- und Chilischote längs halbieren, entstielen, entkernen (Foto 2), die weißen Scheidewände entfernen, Schoten waschen. Schoten in feine Würfel schneiden. Beide Zutaten zu den Zucchiniwürfeln geben, Crème fraîche hinzufügen und verrühren.

3 Thunfisch abgießen, leicht zerpflücken, in die Sauce geben und mit Salz, Pfeffer, Oregano und Thymian würzen. Etwa 10 Minuten zugedeckt bei schwacher Hitze köcheln lassen, dabei ab und zu umrühren.

4 In der Zwischenzeit Makkaroni nach Packungsanleitung in Salzwasser kochen lassen (Foto 3), bis sie bissfest (al dente) sind, abgießen und abtropfen lassen. Nudeln auf Teller verteilen, Thunfischsauce über die Nudeln geben (Foto 4) und sofort servieren.

Spätzle
Klassisch

250 g Weizenmehl
2 Eier (Größe M)
1/2 gestr. TL Salz
5–6 EL Wasser

3 l Wasser
1 TL Salz

40 g Butter

Zubereitungszeit:
45 Minuten

Pro Portion:
E: 9 g, F: 12 g, Kh: 37 g,
kJ: 1292, kcal: 309

1 Mehl in eine Schüssel sieben (Foto 1) und in die Mitte eine Vertiefung eindrücken. Eier mit Salz und Wasser verschlagen. Etwas davon in die Vertiefung geben und mit Handrührgerät mit Knethaken von der Mitte aus mit dem Mehl verrühren (Foto 2).

2 Nach und nach die übrige Flüssigkeit hinzugießen. Darauf achten, dass keine Klümpchen entstehen. Den Teig so lange rühren, bis er Blasen wirft.

3 Den Teig entweder mit einem Spätzlehobel oder durch eine Spätzlepresse portionsweise in kochendes Salzwasser geben (Foto 3) und in 3–5 Minuten gar kochen lassen (Spätzle sind gar, wenn Sie an der Oberfläche schwimmen). Die garen Spätzle mit einer Schaumkelle aus dem Wasser nehmen, auf ein Sieb geben und abschrecken (mit kaltem Wasser übergießen).

4 Butter in einer Pfanne bräunen lassen, die Spätzle hineingeben und darin schwenken.

Tipp:
Zu den Spätzle gebräunte Zwiebeln servieren.
Dazu passt Rahmgeschnetzeltes (siehe Seite 82).

Buntes Reisfleisch

Dauert länger

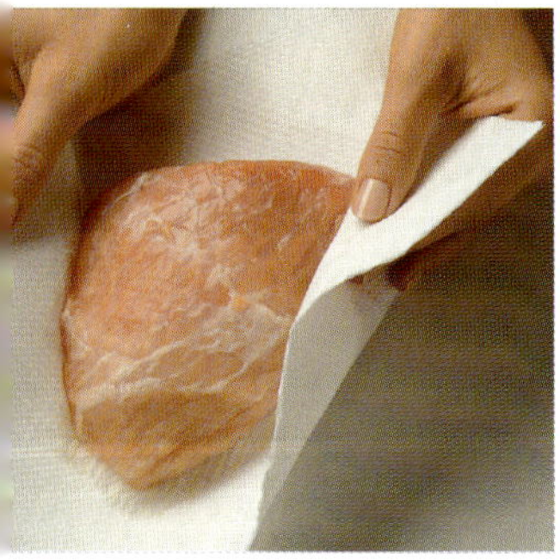

500 g Schweinefleisch (ohne Knochen)
500 g Tomaten
2 große Paprikaschoten (grün und rot)
250 g Zwiebeln
60 g durchwachsener Speck
20 g Butter oder Margarine
Salz, Pfeffer
2 EL Tomatenmark
etwas Tabasco
Paprika edelsüß
Cayennepfeffer
gehackte Basilikumblättchen
gehackte Liebstöckelblättchen
250 ml (1/4 l) Fleischbrühe
250 g Langkornreis
500 ml (1/2 l) Wasser

Zubereitungszeit:
70 Minuten

Pro Portion:
E: 35 g, F: 25 g, Kh: 61 g, kJ: 2642, kcal: 631

1 Schweinefleisch abspülen, trockentupfen (Foto 1) und in Würfel schneiden.

2 Tomaten waschen, abtropfen lassen, kreuzweise einschneiden und einige Sekunden in kochendes Wasser legen. Tomaten kurz in kaltes Wasser legen, enthäuten (Foto 2), Stängelansätze entfernen und das Fruchtfleisch würfeln.

3 Paprikaschoten halbieren, entstielen, entkernen, die weißen Scheidewände entfernen, Schoten waschen und in Stücke schneiden. Zwiebeln abziehen und vierteln.

4 Speck würfeln, in zerlassener Butter oder Margarine in einem weiten Topf auslassen (anbraten), das Fleisch hinzugeben und unter Wenden darin bräunen lassen.

5 Zwiebelviertel und Paprikastücke hinzufügen (Foto 3) und zugedeckt etwa 10 Minuten bei schwacher Hitze mitschmoren lassen. Dabei gelegentlich umrühren.

6 Mit Salz, Pfeffer, Tomatenmark, Tabasco, Paprika und Cayennepfeffer würzen, Basilikumblättchen und Liebstöckelblättchen unterrühren. Fleischbrühe hinzugießen und das Ganze etwa 10 Minuten schmoren lassen.

7 Tomatenviertel, Reis und Wasser hinzufügen (Foto 4) und in etwa 25 Minuten zugedeckt gar kochen lassen, bis der Reis das Wasser vollständig aufgenommen hat, dabei gelegentlich umrühren.

Gemüsereis

Vegetarisch

2 Möhren
100 g Knollensellerie
1 kleine Stange Porree (Lauch)
1 Zwiebel
1 EL Butter
1 EL Speiseöl
200 g Naturreis (ungeschält)
250 ml (1/4 l) Weißwein
250 ml (1/4 l) Gemüsebrühe
1 Glas Mungobohnenkeimlinge (Abtropfgewicht 100 g)
150 g Schafkäse

Zubereitungszeit:
50 Minuten

Pro Portion:
E: 14 g, F: 14 g, Kh: 45 g, kJ: 1738, kcal: 415

1 Möhren und Sellerie putzen und schälen. Porree putzen und längs einschneiden. Das Gemüse waschen und in feine Streifen schneiden (Foto 1). Zwiebel abziehen und fein hacken.

2 Butter in einem weiten Topf zerlassen, Öl dazugeben und das Gemüse etwa 5 Minuten darin dünsten. Reis hinzufügen (Foto 2) und kurz mitdünsten.

3 Wein und Brühe hinzugießen (Foto 3), zum Kochen bringen und bei schwacher Hitze und zugedeckt etwa 25 Minuten quellen lassen (Packungsanleitung beachten). Dabei ab und zu umrühren, bis der Reis bissfest ist und die ganze Flüssigkeit aufgenommen hat.

4 Etwa 2 Minuten vor Beendigung der Garzeit die gut abgetropften Mungobohnenkeimlinge dazugeben. Schafkäse zerbröckeln oder in Würfel schneiden und über den Reis streuen (Foto 4).

Tipp:
Der Gemüsereis kann auch mit frischen Mungobohnenkeimlingen zubereitet werden, dann die Keimlinge 5 Minuten vor Ende der Garzeit hinzugeben.
Dazu passen Getreidebratlinge oder Frühlingsrollen.
Asiatisch wird der Gemüsereis, wenn er mit gemahlenem Ingwer, Sojasauce, Currypulver und Koriander abgeschmeckt wird. Dann den Schafkäse weglassen.

Würziges Pilzrisotto

Raffiniert

1 mittelgroße Zwiebel
1–2 Knoblauchzehen
100 g Austernpilze
100 g Champignons
3 EL Pflanzen- oder Olivenöl
250 g Arborio- oder Vialone-Reis (Risotto-Reis)
500 ml (1/2 l) Rindfleisch- oder Gemüsebrühe
100 ml trockener Weißwein
Salz
frisch gemahlener Pfeffer

nach Belieben geriebener Parmesankäse

Zubereitungszeit:
35 Minuten

Pro Portion:
E: 6 g, F: 11 g, Kh: 52 g, kJ: 1459, kcal: 344

1 Zwiebel und Knoblauch abziehen und fein würfeln. Austernpilze und Champignons mit Küchenpapier abreiben, evtl. waschen, trockentupfen, Stielenden abschneiden und die Pilze in grobe Würfel schneiden (Foto 1).

2 Öl in einem weiten Topf erhitzen und Zwiebel- und Knoblauchwürfel darin glasig dünsten. Pilzwürfel hinzufügen und unter Rühren kurz mitdünsten lassen. Reis hinzufügen (Foto 2) und ebenfalls kurz mit andünsten.

3 Brühe und Wein nach und nach hinzufügen (Foto 3) und die Zutaten bei schwacher Hitze unter ständigem Rühren etwa 20 Minuten garen, bis der Reis bissfest ist und die ganze Flüssigkeit aufgenommen worden ist.

4 Risotto mit Salz und Pfeffer würzen und nach Belieben mit Parmesan bestreuen.

Tipp:

Verfeinern Sie das Risotto mit Tomatenwürfeln von 1–2 Tomaten und einigen Thymianblättchen.
Anstelle von Pilzen schmeckt das Risotto auch mit der gleichen Menge an bunten Paprikawürfeln oder mit Möhren und Sellerie.
Das Risotto kann mit 1–2 Esslöffeln Crème fraîche noch verfeinert werden.
Passt gut zu kurz gebratenem Fleisch oder zu Fisch.

Aufläufe – beliebt ur

Aufläufe stellen eine kulinarische Überraschung dar. Zumeist werden sie als Hauptgericht verzehrt; einige von ihnen eignen sich jedoch auch als Beilage zu Fleischgerichten. Das Schöne an Aufläufen ist, dass man seine Lieblingszutaten kombinieren und diese gut gewürzt, mit einer Sauce und mit Käse bestreut überbacken kann.

d vielseitig

Lasagne

Klassisch (Foto S. 132/133)

(Foto S. 132/133)

Bologneser Sauce:
2 Zwiebeln
1 Knoblauchzehe
2 EL Olivenöl
300 g Schweinemett
1 Lorbeerblatt
750 g Tomaten
125 ml (1/8 l) Rindfleischbrühe
1 EL Tomatenmark
1/2 EL gehacktes Basilikum
Salz, Tabasco

Béchamelsauce:
15 g Butter
15 g Weizenmehl
300 ml Milch, Salz
frisch gemahlener schwarzer Pfeffer
geriebene Muskatnuss

20 g Butter
10–12 Lasagneblätter (ohne Vorkochen)
175 g Gouda

Ober-/Unterhitze: 200 °C (vorgeheizt)
Heißluft: 180 °C (nicht vorgeheizt)
Gas: Stufe 3–4 (nicht vorgeheizt)
Backzeit: etwa 45 Minuten.

Zubereitungszeit: 70 Minuten

Pro Portion: E: 34 g, F: 48 g, Kh: 41 g, kJ: 3198, kcal: 765

1 Für die Bologneser Sauce Zwiebeln und Knoblauch abziehen und würfeln. Öl in einem Topf erhitzen, Mett darin braten (dabei ständig mit dem Holzlöffel teilen, damit es nicht klumpt, Foto 1), Zwiebeln, Knoblauch und Lorbeerblatt hinzugeben. Zwiebeln und Knoblauch glasig dünsten. Tomaten waschen, kreuzweise einschneiden und einige Sekunden in kochendes Wasser legen. Tomaten kurz in kaltes Wasser legen, enthäuten, Stängelansätze entfernen, Fruchtfleisch würfeln, mit Brühe, Tomatenmark und Basilikum zum Mett geben, 5 Minuten köcheln lassen. Mit Salz undTabasco abschmecken.

2 Für die Béchamelsauce Butter zerlassen und Mehl unter Rühren so lange darin erhitzen, bis es hellgelb ist. Milch nach und nach hinzugießen und mit dem Schneebesen durchschlagen, damit keine Klümpchen entstehen. Sauce aufkochen lassen, 5 Minuten köcheln lassen, dabei ab und zu durchrühren und mit Salz, Pfeffer und Muskat abschmecken.

3 Eine eckige Auflaufform mit Butter ausfetten, auf den Boden etwas Bologneser Sauce geben (Foto 2), darauf Lasagneblätter legen, dann Bologneser Sauce darauf geben, mit Béchamelsauce (Foto 3) bedecken und mit jeder Schicht weiter so verfahren, so dass 3–4 Lasagneschichten entstehen. Etwas Béchamelsauce übrig lassen und auf die oberste Lasagneschicht streichen. Gouda raspeln, darüber streuen, die Form zugedeckt und auf dem Rost in den Backofen schieben.

4 Nach 30 Minuten Backzeit den Deckel abnehmen und die Lasagne überbacken. Die Lasagne zum Servieren zerteilen.

Moussaka

Dauert länger

700 g vorwiegend fest kochende Kartoffeln
1 Aubergine (350 g)
1 große Paprikaschote (150 g)
1 große Zwiebel
1 Knoblauchzehe
500 g Tomaten
1–2 EL Speiseöl
300 g Schweinemett
Salz, Pfeffer
gerebelter Thymian
300 g Schafkäse
2 Eier (Größe M)
100 ml Milch

Ober-/Unterhitze: 200–220 °C (vorgeheizt)
Heißluft: 180–200 °C (nicht vorgeheizt)
Gas: etwa Stufe 4 (nicht vorgeheizt)
Backzeit: etwa 60 Minuten.

Zubereitungszeit: 100 Minuten

Pro Portion: E: 37 g, F: 44 g, Kh: 38 g, kJ: 2931, kcal: 701

1 Kartoffeln waschen, schälen, in dünne Stifte oder Scheiben schneiden. Auberginen waschen, schälen, längs halbieren, in 1 cm dicke Scheiben schneiden (Foto 1), salzen, 10 Minuten ziehen lassen und abtupfen.

2 Paprikaschoten vierteln, entkernen, die weißen Scheidewände entfernen, Schoten waschen und in Streifen schneiden. Zwiebeln und Knoblauchzehen abziehen und in feine Würfel schneiden. Tomaten waschen, abtropfen lassen, kreuzweise einschneiden und einige Sekunden in kochendes Wasser legen. Tomaten kurz in kaltes Wasser legen, enthäuten, Stängelansätze entfernen und das Fruchtfleisch würfeln.

3 Eine Auflaufform mit Öl ausfetten, Kartoffeln auf den Boden geben, Schweinemett zerpflücken (Foto 2), auf die Kartoffeln geben, darüber schichtweise Zwiebeln, Auberginen, Paprika, Tomaten geben und jede Schicht leicht salzen und mit Pfeffer und Thymian würzen. Die Auflaufform mit einem Deckel oder Alufolie bedecken und auf dem Rost in den Backofen schieben.

4 In der Zwischenzeit Schafkäse zerbröckeln (Foto 3) oder würfeln. Eier mit Milch verquirlen und mit dem Schafkäse gut verrühren.

5 Nach 20 Minuten Backzeit Deckel oder Alufolie abnehmen, die Käsemasse auf den Auflauf gießen (Foto 4) und ihn die restliche Backzeit ohne Deckel oder Alufolie überbacken lassen.

Bunter Gemüseauflauf
Vegetarisch

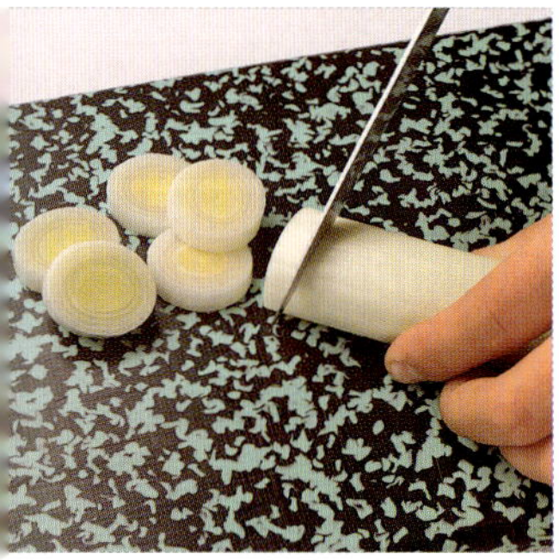

500 g gekochte Pellkartoffeln
je 1 rote und grüne Paprikaschote
1 Dose Gemüsemais (Abtropfgewicht 150 g)
200 g Champignons
1 Stange Porree (Lauch)
Salz, Pfeffer
250 ml (1/4 l) Schlagsahne
4 Eier (Größe M)
1 EL Basilikum in Streifen
75 g geriebener Gouda

3 EL Schnittlauchröllchen

Zubereitungszeit:
90 Minuten

Pro Portion:
E: 21 g, F: 33 g, Kh: 36 g, kJ: 2298, kcal: 548

1 Kartoffeln pellen und in Scheiben schneiden. Paprikaschoten halbieren, entstielen, entkernen, die weißen Scheidewände entfernen, die Schoten waschen und in Stücke schneiden.

2 Mais abtropfen lassen (Foto 1), Champignons putzen, mit Küchenpapier abreiben, evtl. abspülen und in Scheiben schneiden. Porree putzen, waschen und ebenfalls in Scheiben schneiden (Foto 2).

3 Alle Zutaten vermischen, mit Salz und Pfeffer bestreuen und in eine gefettete Auflaufform füllen (Foto 3). Sahne mit Eiern verrühren, mit Salz, Pfeffer und Basilikum würzen.

4 Gouda unterrühren und den Guss über dem Auflauf verteilen (Foto 4). Die Form auf dem Rost in den Backofen schieben.

Ober-/Unterhitze:
etwa 180 °C (vorgeheizt)
Heißluft: etwa 160 °C
(nicht vorgeheizt)
Gas: Stufe 2–3 (nicht vorgeheizt)
Backzeit: etwa 50 Minuten.

5 Vor dem Servieren Schnittlauchröllchen über den Auflauf streuen.

Tipp:
Den Auflauf evtl. nach der Hälfte der Backzeit mit Alufolie zudecken, damit er nicht zu stark bräunt. Die Zubereitung von Pellkartoffeln finden Sie auf Seite 112.

Cannelloni in Tomatensauce

Für Gäste

Für die Sauce:
1 kg Tomaten
1 mittelgroße Zwiebel
2 EL Olivenöl
1 schwach geh. EL Tomatenmark
Salz, Pfeffer
gerebelter Oregano
1 EL gehackte frische Petersilie

Für die Füllung:
1 Brötchen (vom Vortag)
2 mittelgroße Zwiebeln
500 g Hackfleisch (halb Rind-, halb Schweinefleisch)
1 EL gehackte Petersilie

16 Cannelloni (aus der Packung)
20 g Butter
50 g geriebener Gouda

Zubereitungszeit:
60 Minuten

Pro Portion:
E: 35 g, F: 49 g, Kh: 23 g, kJ: 3002, kcal: 717

Tipp:
Dazu frischen Blattsalat servieren.
Statt Gouda zum Überbacken Parmesan verwenden.
Die Sauce mit 1–2 fein gehackten Knoblauchzehen und mit etwas frischem Thymian verfeinern.

1. Für die Sauce Tomaten waschen, halbieren, Stängelansätze entfernen und die Tomaten in Würfel schneiden. Zwiebel abziehen und fein würfeln. Olivenöl erhitzen, die Zwiebelwürfel darin hellgelb andünsten.

2. Tomatenwürfel und Tomatenmark hinzufügen, zum Kochen bringen und kurz aufkochen lassen. Mit Salz, Pfeffer und Oregano würzen und Petersilie unterrühren.

3. Für die Füllung Brötchen in kaltem Wasser einweichen. Zwiebeln abziehen und fein würfeln. Hackfleisch mit dem gut ausgedrückten Brötchen, den Zwiebelwürfeln und der Petersilie vermengen und mit Salz und Pfeffer abschmecken.

4. Fleischmasse mit einem Spritzbeutel mit großer Lochtülle oder mit einem Teelöffel in die Cannelloni füllen (Foto 1).

5. Etwas von der Sauce in eine gefettete, flache Auflaufform geben (Foto 2), die Cannelloni nebeneinander hineinlegen (Foto 3), restliche Sauce darüber verteilen.

6. Butter in Flöckchen darauf setzen, mit Gouda bestreuen und die Form auf dem Rost in den Backofen schieben.

Ober/Unterhitze:
200–220 °C (vorgeheizt)
Heißluft: 180–200 °C (vorgeheizt)
Gas: etwa Stufe 4 (vorgeheizt)
Backzeit: etwa 35 Minuten.

Makkaroniauflauf
Für Kinder

250 g Makkaroni
2 l Wasser
1/2 TL Salz
1 EL Speiseöl

1 kleines Glas Champignonscheiben (Abtropfgewicht 145 g)
200 g gekochter Schinken
3 Eier (Größe M)
200 ml Schlagsahne oder Milch
Salz
frisch gemahlener Pfeffer
geriebene Muskatnuss
1 geh. EL Semmelbrösel
30 g Butter

Zubereitungszeit:
60 Minuten

Pro Portion:
E: 30 g, F: 40 g, Kh: 47 g,
kJ: 2921, kcal: 697

1 Makkaroni in fingerlange Stücke brechen. Wasser zum Kochen bringen, Salz hinzufügen und die Makkaroni hineingeben (Foto 1), Öl hinzufügen und die Makkaroni nach Packungsanleitung bissfest kochen.

2 Die garen Makkaroni auf ein Sieb geben, abschrecken (mit kaltem Wasser übergießen) und gut abtropfen lassen.

3 Champignonscheiben auf einem Sieb abtropfen lassen. Schinken in kleine Würfel oder Streifen schneiden (Foto 2). Die beiden Zutaten mit den Makkaroni mischen und alles in eine gefettete Auflaufform geben.

4 Eier mit Sahne oder Milch verschlagen, mit Salz, Pfeffer und Muskat würzen (Foto 3) und über den Auflauf geben. Semmelbrösel darüber streuen und die Butter in Flöckchen darauf verteilen. Die Form auf dem Rost in den Backofen schieben.

Ober-/Unterhitze:
200–220 °C (vorgeheizt)
Heißluft: 180–200 °C
(nicht vorgeheizt)
Gas: etwa Stufe 4 (nicht vorgeheizt)
Backzeit: etwa 35 Minuten.

Blumenkohl-Broccoli-Auflauf

Preiswert

Für die Sauce:
1 Zwiebel
40 g gekochter Schinken
40 g Butter
30 g Weizenmehl
250 ml (1/4 l) Milch
250 ml (1/4 l) Fleischbrühe
Salz
frisch gemahlener, weißer Pfeffer
frisch geriebene Muskatnuss
2 Eigelb (Größe M)
3 EL Schlagsahne
100 g geriebener Emmentaler Käse
100 g gekochter Schinken

500 g Broccoli
500 g Blumenkohl
2 Eiweiß (Größe M)

Ober-/Unterhitze: etwa 180 °C (vorgeheizt)
Heißluft: etwa 160 °C (vorgeheizt)
Gas: Stufe 2–3 (vorgeheizt)
Backzeit: etwa 45 Minuten.

Zubereitungszeit: 90 Minuten

Pro Portion: E: 28 g, F: 30 g, Kh: 14 g, kJ: 1928, kcal: 460

1 Für die Sauce Zwiebel abziehen und fein würfeln. Schinken in feine Würfel schneiden. Butter zerlassen und die Schinkenwürfel darin anbraten. Die Zwiebelwürfel hineingeben und leicht mitbräunen. Das Mehl darüber stäuben und unter Rühren hellgelb dünsten (Foto 1).

2 Topf von der Kochstelle nehmen, nach und nach Milch dazugeben und gut durchschlagen, damit sich keine Klümpchen bilden (Foto 2). Zuletzt Brühe unterrühren. Sauce zum Kochen bringen und etwa 5 Minuten köcheln lassen. Topf von der Kochstelle nehmen, Sauce durch ein Sieb passieren und mit Salz, Pfeffer und Muskat abschmecken. Eigelb und Schlagsahne verrühren und in die Sauce geben, nicht mehr kochen lassen. Die Hälfte des Käses unterheben. Gekochten Schinken in Streifen schneiden.

3 Vom Broccoli Blätter entfernen, Kohl waschen und abtropfen lassen. Broccoli in Röschen teilen, Stiele am Strunk schälen (Foto 3). Blumenkohl von Blättern und schlechten Stellen befreien, den Strunk abschneiden, Blumenkohl gründlich waschen und in Röschen teilen (Foto 4). Broccoli- und Blumenkohlröschen mit wenig Salzwasser zugedeckt 5–10 Minuten köcheln lassen, bis sie fast gar sind und anschließend auf einem Sieb abtropfen lassen. Kohl mit gekochtem Schinken und restlichem Käse in eine gut gefettete Auflaufform schichten. Eiweiß steif schlagen, unter die Sauce heben und den Kohl mit der Sauce übergießen. Die Form auf dem Rost in den Backofen schieben und überbacken, bis die Oberfläche goldbraun ist.

Bäckers Spinatauflauf

Raffiniert

1 Pck. (450 g) TK-Blattspinat
3 Brötchen (vom Vortag)
375 ml ($^3/_8$ l) Milch
75 g durchwachsener Speck
1 Zwiebel
3 Eigelb (Größe M)
Salz
frisch gemahlener Pfeffer
geriebene Muskatnuss
3 Eiweiß (Größe M)
80 g geriebener Käse, z. B. Emmentaler
40 g Butter

Zubereitungszeit:
40 Minuten, ohne Auftauzeit

Pro Portion:
E: 21 g, F: 31 g, Kh: 27 g, kJ: 2077, kcal: 496

Beilage:
Kartoffelpüree.

1 Spinat auftauen lassen. Brötchen in der Milch einweichen und dann gut ausdrücken. Speck in Würfel schneiden und in einer Pfanne auslassen (anbraten). Die Zwiebel abziehen, würfeln, im Speckfett andünsten (Foto 1) und zu der Brötchenmasse geben.

2 Spinat und Eigelb zu der Speck-Brötchen-Masse geben (Foto 2), gut verrühren und mit Salz, Pfeffer und Muskat würzen. Eiweiß steif schlagen und unterheben.

3 Die Masse in eine gefettete, flache Auflaufform füllen. Mit dem Käse bestreuen und Butter in Flöckchen darauf setzen (Foto 3). Die Form auf dem Rost in den Backofen schieben.

Ober-/Unterhitze: etwa 200 °C (vorgeheizt)
Heißluft: etwa 180 °C (vorgeheizt)
Gas: Stufe 3–4 (vorgeheizt)
Backzeit: 25–30 Minuten.

Obst und süß der kröne

Obst und süße Speisen sind der Abschluss einer gelungenen Mahlzeit, dem man in freudiger Erwartung entgegensieht. Nachtische eignen sich aber auch sehr gut als kleine Leckerei zwischendurch.
Ob fruchtig oder süß, ob aufwändig oder schnell, ob leicht oder sahnig – ein bisschen geht immer noch. Besonders dann, wenn der süße Genuss einfacher zuzubereiten ist, als man es ihm ansieht.

e Speisen –
ıde Abschluss

Obstsalat

Für Gäste (Foto S. 142/143)

750 g Obst,
z. B. Erdbeeren, Bananen,
Weintrauben, Orangen,
Äpfel, Kiwis,
Honigmelone, Nektarinen
40 g Zucker
2 EL Zitronensaft
einige Walnusskerne

Zubereitungszeit:
20 Minuten

Pro Portion:
E: 1 g, F: 1 g, Kh: 34 g,
kJ: 652, kcal: 156

1 Erdbeeren waschen, abtropfen lassen, entstielen (Foto 1) und halbieren. Bananen schälen und in Scheiben schneiden. Weintrauben waschen, entstielen, halbieren und entkernen. Orangen schälen, filetieren oder in Spalten schneiden. Äpfel waschen, evtl. schälen, vierteln, Kerngehäuse entfernen und Apfelviertel in Scheiben schneiden. Kiwis schälen, halbieren und in Scheiben schneiden (Foto 2). Honigmelone halbieren, Kerne mit einem Löffel ausschaben und das Fruchtfleisch mit einem Kugelausstecher ausstechen oder von der Schale schneiden und würfeln. Nektarinen waschen, abtropfen lassen, halbieren (Foto 3), entsteinen, vierteln und in Scheiben oder Würfel schneiden.

2 Obst vorsichtig mit Zucker und Zitronensaft vermengen, in Dessertgläsern anrichten, Walnusskerne hacken (Foto 4) und darüber streuen. Bis zum Servieren zugedeckt kalt stellen.

Tipp:
Der Obstsalat schmeckt kalt und frisch am besten. Obstsalat nicht zu lange stehen lassen, da einige Früchte sonst braun werden und andere Früchte matschig werden.
Stellen Sie sich einen Obstsalat mit Ihren Lieblingsfrüchten zusammen.

Rote Grütze
Einfach

150 g TK-Himbeeren
300 g TK-Beerenmischung
600 g TK-Erdbeeren
150 ml Wasser
130–150 g Zucker
50 g Perl-Sago

Zubereitungszeit:
35 Minuten

Pro Portion:
E: 3 g, F: 1 g, Kh: 69 g,
kJ: 1310, kcal: 314

Tipp
Dazu passt Vanille-Sauce und Vanilleeis.

1 Von den TK-Früchten jeweils 50–100 g abnehmen und beiseite stellen. Die restlichen Früchte gefroren oder leicht angetaut in einen Topf geben, Wasser und Zucker hinzufügen. Fruchtmasse unter Rühren zum Kochen bringen und etwa 5 Minuten bei schwacher Hitze köcheln lassen. Dabei gelegentlich umrühren.

2 Perl-Sago unter Rühren einstreuen (Foto 1), zum Kochen bringen und 10 Minuten bei schwacher Hitze unter Rühren köcheln lassen. Den Topf von der Kochstelle nehmen und den Sago etwa 20 Minuten ausquellen lassen. Der Sago muss fast klar (durchsichtig) sein.

3 Die beiseite gestellten Beeren hinzufügen (Foto 2), die Grütze zum Kochen bringen, noch 1 Minute kochen lassen, evtl. mit Zucker abschmecken und dann erkalten lassen.

Variante: Schnelle Grütze

Statt mit Perl-Sago kann die Rote Grütze auch mit Speisestärke angedickt werden. Dazu 40 g Speisestärke mit 100 ml von den 150 ml kaltem Wasser anrühren. Die Früchte wie im Rezept angegeben, aber nur mit 50 ml Wasser und Zucker köcheln lassen. Dann die angerührte Stärke unter Rühren eingießen (Foto 3) und 1 Minute unter Rühren aufkochen lassen. Zuletzt die beiseite gestellten Früchte kurz mitkochen lassen.

Apfelmus
Gut vorzubereiten

750 g säuerliche Äpfel
5 EL Wasser
etwa 50 g Zucker

Zubereitungszeit:
25 Minuten

Pro Portion:
E: 1 g, F: 1 g, Kh: 30 g,
kJ: 553, kcal: 131

1 Äpfel waschen, vierteln, entkernen und in Stücke schneiden.

2 Stücke mit dem Wasser in einem Topf zugedeckt zum Kochen bringen und bei schwacher Hitze weich dünsten lassen, dabei gelegentlich umrühren.

3 Masse durch ein Sieb streichen oder pürieren und mit Zucker abschmecken.

Tipp:
Für einen feinen Zimtgeschmack eine Zimtstange mitkochen lassen und nach dem Kochen wieder entfernen. Bei süßen Äpfeln die Hälfte des Wassers gegen Zitronensaft ersetzen.
Apfelmus kann sehr gut in größeren Mengen vorbereitet und eingefroren werden.

Pflaumenkompott
Klassisch

500 g Pflaumen
125 ml (1/8 l) Wasser
50 g Zucker
1 Zimtstange
3 Gewürznelken
nach Belieben
evtl. etwas Zucker

Zubereitungszeit:
20 Minuten

Pro Portion:
E: 1 g, F: 0 g, Kh: 31 g,
kJ: 592, kcal: 141

1 Pflaumen waschen, halbieren und entsteinen (Foto 1).

2 Wasser mit Zucker in einem Topf zum Kochen bringen, Pflaumenhälften, Zimtstange und Gewürznelken hineingeben (Foto 2), wieder zum Kochen bringen und zugedeckt in etwa 8 Minuten weich dünsten.

3 Zimstange und Nelken entfernen, Kompott erkalten lassen, evtl. mit Zucker abschmecken und servieren.

Tipp:
Passt gut zu Grießbrei.
Raffinierter wird das Kompott, wenn 2–3 Esslöffel Pflaumengeist untergerührt werden.

Birnenkompott
Preiswert – Schnell

500 g Birnen
250 ml (1/4 l) Wasser
50 g Zucker
1 Pck. Vanillin-Zucker
1 Stück Zimtstange
3 Gewürznelken
1–2 EL Zitronensaft
evtl. etwas Zucker

Zubereitungszeit:
20 Minuten

Pro Portion:
E: 1 g, F: 1 g, Kh: 41 g,
kJ: 667, kcal: 159

1 Birnen schälen (Foto 3), halbieren, entkernen (Foto 4) und in Stücke schneiden.

2 Wasser mit Zucker, Vanillin-Zucker, Zimtstange und Gewürznelken in einem Topf zum Kochen bringen. Die Birnenstücke hineingeben und zugedeckt zum Kochen bringen, in etwa 10 Minuten weich kochen und Zitronensaft unterrühren.

3 Das Kompott erkalten lassen, evtl. mit Zucker abschmecken und servieren.

Tipp:
Ersetzen Sie die Hälfte des Wassers durch Weißwein.

Schokoladenpudding
Für Kinder

40 g Speisestärke
300 ml Milch
200 ml Schlagsahne
100 g Zartbitter- oder Vollmilchschokolade
50 g Zucker

Zubereitungszeit:
15 Minuten, ohne Kühlzeit

Pro Portion:
E: 5 g, F: 26 g, Kh: 40 g, kJ: 1801, kcal: 430

Tipp:
Den Pudding zum Servieren mit geschlagener Sahne verzieren und mit Orangenscheiben garnieren.

Variante:
Schoko-Orangen-Pudding
(großes Foto)

Bereiten Sie den Pudding mit 40 g Speisestärke, 200 ml Milch, 200 ml Schlagsahne, 100 ml Orangensaft und 100 g Zartbitterschokolade zu und rühren Sie 2 Esslöffel Cointreau (Orangenlikör) unter.

1 Speisestärke mit etwas Milch anrühren, restliche Milch und Sahne erhitzen. Schokolade hacken und mit Zucker unter Rühren darin auflösen (Foto 1). Schokoladenmilch zum Kochen bringen, angerührte Speisestärke einrühren und unter Rühren etwa 1 Minute kochen lassen. Topf von der Kochstelle nehmen.

2 Pudding sofort in eine kalt ausgespülte Puddingform oder Schale geben. Die Oberfläche mit Frischhaltefolie belegen oder Zucker dünn auf die Oberfläche streuen, damit sich keine Haut bildet (Foto 2). Pudding abkühlen lassen und dann etwa 3 Stunden kalt stellen.

3 Zum Servieren den Pudding am Formrand mit einem Messer oder mit den Fingern lösen, die Form kurz in heißes Wasser tauchen (Foto 3) und den Pudding auf einen Teller stürzen oder ihn löffelweise auf Dessertteller verteilen.

Crème au caramel

Für Gäste

100 g Zucker
250 ml (1/4 l) Milch
250 ml (1/4 l) Schlagsahne
3 Eier (Größe M)
3 Eigelb (Größe M)
50 g Zucker
1 Pck. Vanillin-Zucker

Zubereitungszeit:
1 Stunde,
ohne Abkühlzeit

Pro Portion:
E: 8 g, F: 20 g, Kh: 25 g,
kJ: 1349, kcal: 322

Beigabe:
Steif geschlagene Sahne

Tipp:
Wird Crème au caramel in einer großen Form zubereitet, die Form in einen Bräter auf dem Rost in den Backofen schieben und heißes Wasser angießen, bis die Form zur Hälfte im Wasser steht. Die Garzeit erhöht sich auf etwa 50 Minuten.

1 Zucker in einem kleinen Topf unter Rühren schmelzen lassen, bis er leicht braun wird (karamellisieren, Foto 1). Den Karamell in 6 angewärmte, glattwandige Auflaufförmchen gießen und ausschwenken (Foto 2), bis das gesamte Förmchen mit Karamell benetzt ist.

2 Milch und Sahne leicht erwärmen und mit Eiern und Eigelb, Zucker und Vanillin-Zucker mit einem Schneebesen gut verrühren. Masse vorsichtig in die Förmchen füllen und diese in eine Fettfangschale stellen. Fettfangschale in den Backofen schieben und heißes Wasser angießen, bis die Förmchen bis zur Hälfte im Wasser stehen.

Ober-/Unterhitze:
etwa 180 °C (vorgeheizt)
Heißluft: etwa 160 °C (vorgeheizt)
Gas: Stufe 2–3 (vorgeheizt)
Garzeit: etwa 30 Minuten.

3 Crème au caramel lauwarm abkühlen lassen, Ränder mit den Fingern etwas lösen, Crème au caramel stürzen (Foto 3), kalt stellen.

Mousse au chocolat

Für Gäste

100 g Halbbitter-Kuvertüre
50 g Vollmilch-Kuvertüre
3 Eiweiß (Größe M)
125 ml (1/8 l) Schlagsahne

Zubereitungszeit:
30 Minuten, ohne Kühlzeit

Pro Portion:
E: 6 g, F: 22 g, Kh: 20 g,
kJ: 1287, kcal: 308

Hinweis:
Nur ganz frische Eier verwenden, die nicht älter als 5 Tage sind (Legedatum beachten!). Fertiges Dessert im Kühlschrank aufbewahren und innerhalb von 24 Stunden verzehren.

Tipp:
Das Dessert nach Belieben mit Puderzucker oder Kakao bestäuben und mit Erdbeeren oder pürierter Fruchtsauce servieren. Besonders raffiniert wird die Mousse au chocolat, wenn mit der Sahne 2 Esslöffel Grand Marnier (Orangenlikör) untergehoben werden.
Statt Kuvertüre kann auch Schokolade verwendet werden.

1 Kuvertüre in Stücke hacken (Foto 1), in einem Topf im Wasserbad bei schwacher Hitze geschmeidig rühren, aus dem Wasserbad nehmen und etwas abkühlen lassen.

2 Eiweiß so steif schlagen, dass ein Messerschnitt sichtbar bleibt (Foto 2). Die lauwarme Kuvertüre unterrühren.

3 Sahne steif schlagen, unterheben und die Creme mindestens 2 Stunden kalt stellen.

4 Vor dem Servieren von der Creme mit einem Eisportionierer oder mit einem Esslöffel Nocken abstechen (Foto 3) und auf Dessertteller verteilen.

Variante:

Mousse à la vanille

Statt 100 g Halbbitter- und 50 g Vollmilch-Kuvertüre nur 150 g weiße Kuvertüre verwenden, dann zusätzlich ein Päckchen Bourbon-Vanille-Zucker unterrühren.

Grießpudding

Schnell zubereitet

½ Vanilleschote
500 ml (½ l) Milch
75 g Zucker
abgeriebene Schale von
½ Zitrone (unbehandelt)
50 g Weizengrieß
1 Eigelb (Größe M)
1 Eiweiß (Größe M)

Zubereitungszeit:
15 Minuten, ohne Kühlzeit

Pro Portion:
E: 5 g, F: 5 g, Kh: 34 g,
kJ: 851, kcal: 203

Hinweis:
Nur ganz frische Eier verwenden, die nicht älter als 5 Tage sind (Legedatum beachten!) Fertiges Dessert im Kühlschrank aufbewahren und innerhalb von 24 Stunden verzehren.

Tipp:
Verfeinern Sie den Grießpudding, indem Sie 50 g Amarettini (italienisches Mandelgebäck) oder 50 g Rumrosinen unterheben. Besonders cremig wird der Grießpudding, wenn er statt mit 500 ml (½ l) Milch mit 300 ml Milch und 200 ml Schlagsahne zubereitet wird.
Wenn der Grießpudding nicht gestürzt werden soll, können Eigelb und Eiweiß auch weggelassen werden.

1 Vanilleschote der Länge nach aufschlitzen (Foto 1) und in die Milch legen. Milch mit Zucker, Zitronenschale und Vanilleschote zum Kochen bringen. Grieß einstreuen (Foto 2), unter Rühren zum Kochen bringen und 1 Minute unter Rü

2 To les un zü (Fo

3 Gri aus len Zu auf ne lass stel

4 Zur der die und den Grießpudding auf einen Teller stürzen (Foto 4) oder mit einem Löffel auf Dessertteller verteilen.

Beigabe:
Frisches Obst der Saison und Schlagsahne, Pflaumenkompott (siehe Seite 147) oder pürierte Aprikosen aus der Dose.

Milchreis
Für Kinder

1 l Milch
1–2 EL Butter
1 Prise Salz
20 g Zucker
etwas Zitronenschale (unbehandelt)
125 g Milchreis (Rundkornreis)

etwas Zucker
etwas gemahlener Zimt

Zubereitungszeit:
50 Minuten

Pro Portion:
E: 9 g, F: 13 g, Kh: 20 g, kJ: 1032, kcal: 246

1 Milch mit Butter, Salz, Zucker und Zitronenschale (Foto 1) zum Kochen bringen.

2 Milchreis hineingeben (Foto 2), unter Rühren zum Kochen bringen und in etwa 40 Minuten bei schwacher Hitze und geschlossenem Deckel ausquellen lassen. Dabei ab und zu umrühren, damit der Reis nicht anbrennt.

3 Den fertigen Milchreis mit Zucker und Zimt bestreuen (Foto 3) und servieren.

Beigabe:
Frucht- oder Schokoladensauce.

Tipp:
Rühren Sie 200 g Apfel- oder Pfirsichstückchen unter den heißen Milchreis.

Tiramisu

Gut vorzubereiten

6 Portionen

3 Eigelb (Größe M)
75 g Zucker
40 ml Amaretto
500 g Mascarpone (italienischer Frischkäse)
250 ml ($^{1}/_{4}$ l) kalter Espresso oder starker Kaffee
250 g Löffelbiskuits
2 EL Kakaopulver

Zubereitungszeit:
30 Minuten, ohne Durchziehzeit

Pro Portion:
E: 9 g, F: 40 g, Kh: 37 g, kJ: 2362, kcal: 565

1 Eigelb mit einem Schneebesen schaumig schlagen. Zucker nach und nach hinzugeben und so lange rühren, bis er sich aufgelöst hat (Foto 1). Die Hälfte des Amarettos zugeben. Mascarpone nach und nach unterrühren, bis die Creme dicklich ist.

2 Espresso mit dem restlichen Amaretto mischen (Foto 2).

3 Die Hälfte der Löffelbiskuits in eine flache, eckige Auflaufform legen, mit der Hälfte der Espresso-Amaretto-Mischung beträufeln und mit der Hälfte der Mascarponemasse bedecken (Foto 3). Die restlichen Zutaten in gleicher Reihenfolge darauf schichten.

4 Die Creme dick mit Kakao bestäuben (Foto 4) und einige Stunden durchziehen lassen.

Tipp:

Anstelle des Amarettos kann auch Weinbrand verwendet werden.
Fettärmer wird das Tiramisu, wenn die Hälfte des Mascarpones durch Speisequark ersetzt wird.

Hinweis:

Nur ganz frische Eier verwenden, die nicht älter als 5 Tage sind (Legedatum beachten!). Fertiges Dessert im Kühlschrank aufbewahren und innerhalb von 24 Stunden verzehren.

Kapitelregister

Suppen und Eintöpfe

Saucen und Dips

Salate

Fisch

Fleisch

Alphabetisches Register

Umwelthinweis Dieses Buch und der Einband wurden auf chlorfrei gebleichtem Papier gedruckt. Die Einschrumpffolie – zum Schutz vor Verschmutzung – ist aus umweltfreundlichem und recyclingfähigem PE-Material.

Hinweise zu den Rezepten Die Rezepte sind – wenn nicht anders angegeben – für 4 Personen berechnet.

Wenn Sie Anregungen, Vorschläge oder Fragen zu unseren Büchern haben, rufen Sie uns unter folgender Nummer an (05 21) 155 25 80 oder 52 06 51 oder schreiben Sie uns:
Dr. Oetker Verlag KG, Redaktion,
Am Bach 11, 33602 Bielefeld

Redaktion Sabine Puppe

Fotos
Titelfoto Thomas Diercks, Hamburg

Innenfotos Thomas Diercks, Hamburg
Ulli Hartmann, Bielefeld
Ulrich Kopp, Füssen
Herbert Maas, Hamburg
Christiane Pries, Borgholzhausen
Norbert Toelle, Bielefeld
Brigitte Wegner, Bielefeld

Rezeptentwicklung und -beratung Annette Elges, Bielefeld
Ulrike Paechnatz, Bielefeld
Mechthild Plogmaker, Bielefeld
Gerhard Ruhle, Hamburg

Grafisches Konzept KonturDesign, Bielefeld
Gestaltung KonturDesign, Bielefeld
Titelgestaltung KonturDesign, Bielefeld

Satz JUNFERMANN Druck & Service, Paderborn

Reproduktionen Fotolito Longo, I-Bozen

Druck und Bindung MOHN Media • Mohndruck GmbH, Gütersloh

ISBN 3-7670-0456-9